TESOROS
DEVOCIONALES

MARCOS =23

Compilación de tres autores clásicos
Secretos Espirituales por **Hudson Taylor**
Fe por **George Müller**
La Oración por **Charles Spurgeon**

Compilado y redactado por

Lance Wubbels

2 connitos 5·17

ROMANOS 8:

Tesoros Devocionales, compilado por Lance Wubbels,
© 2014. Todos los derechos de esta edición en
español son reservados por Asociación Editorial
Buena Semilla bajo su sello de Editorial Desafío.

Publicado originalmente en tres tomos por Emerald
Books bajo el título "30 Day Devotional Treasuries
Series" ©1998 por Lance Wubbels.

El texto bíblico es tomado de la Santa Biblia, Nueva
Versión Internacional (NVI). © 1999 por la Sociedad
Bíblica Internacional. Cuando se utilizan otras
versiones se la identifica inmediatamente después
del pasaje citado.

Traducido por Rogelio Díaz-Díaz

Publicado y Distribuido por Editorial Desafío
Cra.28ª No.64A-34, Bogotá, Colombia
Tel. (571) 630 0100
www.editorialdesafio.com

Categoría: Devocional, Vida Cristiana.
Producto No. 602012
ISBN 978-958-737-114-7

Impreso en Colombia
Printed in Colombia

TESOROS DEVOCIONALES

TESOROS DEVOCIONALES

HUDSON TAYLOR

Secretos
Espirituales

James Hudson Taylor

James Hudson Taylor (1832 – 1905) nació en York-shire, Inglaterra, y a la edad de diecisiete años tuvo una sincera conversión a Cristo. Pronto sintió un fuerte llamamiento por parte de Dios para ir al casi cerrado imperio de la China. En 1854 desembarcó en Shangai como agente de la Chinese Evangelization Society (Sociedad Evangelizadora China), organización que tuvo una corta existencia. Algunos problemas con la sede de la misión lo hicieron depender de su fe y sus oraciones para su sustento, y una serie de hechos providenciales lo llevaron a cortar nexos con esta sociedad. Hizo varias correrías evangelísticas en el interior del país y adoptó la forma de vestir china. En 1858 contrajo matrimonio con María Dyer, a pesar de la oposición de otros misioneros por quienes era considerado como "un pobre y desconectado don nadie."

Regresó a Inglaterra inválido en 1860, pero conservaba su interés y pasión por la China y por los millones de chinos que no conocían a Cristo. Cuando el imperio se abrió a los occidentales, no pudo encontrar una misión dispuesta a apoyar-lo, entonces en 1865 fundó la organización interdenominacional que llamó China Inland Mission (CIM - Misión del Interior de la China), y le pidió a Dios que enviara "veinticuatro obreros dispuestos y capacitados", dos por cada provincia sin alcanzar. Zarparon en 1866. Cuatro años después, su esposa María murió.

A pesar de la persecución, la oposición de los misioneros, y las dificultades por la cultura y el idioma, la CIM se estableció como las "tropas de asalto" del avance protestante en el país. La pasión de Taylor era llevar el evangelio a toda criatura y para 1895 era el líder de 641 misioneros, más o menos la mitad de toda la fuerza protestante en la China. Pocos hombres han sido un instrumento de tal magnitud en las manos de Dios para proclamar el evangelio a tan vasta población, y para crear tantas iglesias cristianas. Sus grandes cualidades cristianas, el calibre de la CIM, junto con sus escritos y sus viajes internacionales le dieron una influencia que trascendió las fronteras chinas y condujo al establecimiento de misiones de fe similares. Taylor murió en Changsha, en el corazón del interior de la China, coronando de esta manera una vida de devoción a Cristo y de intrépido testimonio para el que no se encuentran en el mundo muchos paralelos.

DÍA 1

Trabajando con Dios

*No se inquieten por nada; más bien,
en toda ocasión, con oración y ruego, presenten
sus peticiones a Dios y denle gracias.*

FILIPENSES 4:6

No puedo enfatizar suficientemente la importancia de comprender el principio de trabajar con Dios y de pedir su ayuda en todas las cosas. Si el trabajo que hacemos está bajo la dirección de Dios, entonces podemos acercarnos a Él con plena confianza y pedirle los obreros que necesitamos. Cuando el Señor nos haya dado los obreros, entonces podemos pedirle los medios necesarios. Nuestra misión siempre acepta un obrero apropiado, no importa si tenemos los fondos para pagarlo, o no. Luego le decimos: "Querido amigo, su primera tarea será orar con nosotros por el dinero

para enviarlo a la China."Tan pronto como tenemos el dinero suficiente, la época del año y las
circunstancias apropiadas, nuestro amigo va
al campo misionero. No esperamos hasta que
haya una remesa a mano
para darle cuando llegue. El
Señor la proveerá.

*La obra de
Dios hecha de
acuerdo con su
voluntad nunca
carecerá de
recursos.*

Nuestro Padre tiene mu-
cha experiencia: Él sabe muy
bien que sus hijos se levantan
cada mañana con muy buen
apetito, y siempre les provee
el desayuno. "Se le proveerá
de pan y no le faltará el agua" (Isaías 33:16).
Él mantuvo a tres millones de israelitas en el
desierto durante cuarenta años. Nosotros no
esperamos que envíe tres millones de misioneros a China, pero si lo hiciera, tendría suficientes
recursos para sostenerlos a todos. Cuidemos de
mantener a Dios delante de nuestra vista, para
que andemos en sus caminos procurando agra-
darlo y glorificarlo en todo lo que hacemos. La
obra de Dios hecha de acuerdo con su voluntad nunca carecerá de recursos. Dependamos
de ello.

Cuando los recursos no llegan es tiempo de preguntarnos: ¿Qué es lo que anda mal? Podría ser una prueba temporal para la fe; porque si hay fe, ella soportará la prueba. Si no es así, sería bueno que no nos engañáramos. Con dinero en el bolsillo y con alimentos en la alacena, es muy fácil pensar que se tiene fe en Dios. Frances Havergal dijo: "Quienes confían en Dios íntegramente, comprueban su fidelidad." Pero mi experiencia demuestra que Él mantiene su palabra aun con quienes no confían en Él íntegramente. "Si somos infieles, Él sigue siendo fiel, ya que no puede negarse a sí mismo" (2 Timoteo 2:13).

Padre bueno, cuan fácil es suponer que nuestra fe es fuerte y saludable, cuando en efecto yace dormida y nuestras vidas enfrentan el reto de creerte a Ti para lograr cosas grandes. Reta mi fe con un nuevo sentido de las cosas por las cuales Tú quieres que confíe en Ti. Amén.

DÍA 2

La fuente de poder

Una cosa ha dicho Dios, y dos veces lo he escuchado: que tú, oh Dios, eres poderoso; que tú, Señor, eres todo amor.

SALMO 62:11-12

Dios mismo es la gran fuente de poder. El poder es su posesión. "Tú, oh Dios, eres poderoso" dice nuestro texto, y Él manifiesta ese poder de acuerdo con su voluntad soberana. No de una manera errática y arbitraria, sino según sus propósitos declarados y según sus promesas. Es cierto que nuestros obstáculos y nuestros adversarios son muchos y poderosos, pero nuestro Dios es el Dios vivo y Todopoderoso.

El Señor nos dice por medio de su profeta Daniel que el pueblo que conoce a su Dios será fuerte, hará proezas y resistirá al maligno. Aunque en términos generales es verdad que el conocimiento equivale al poder, con respecto al conocimiento de Dios esto es especialmente cierto. Quienes conocen a su Dios, no intentan proezas, las realizan. En vano tratará usted de encontrar en las Escrituras alguna ocasión en que Dios ordene intentar hacer algo. Los mandamientos de Dios siempre son "Haz esto, o haz aquello." Si el mandamiento proviene de Dios, el único curso de acción a seguir es obedecer.

Algo más: el poder de Dios está a nuestra disposición. Somos personas sobrenaturales, nacidos de nuevo por un nacimiento sobrenatural, guardados por un poder sobrenatural, sustentados por alimento sobrenatural, instruídos por un maestro sobrenatural, con enseñanzas de un libro sobrenatural. Somos guiados en las sendas correctas por un capitán sobrenatural para obtener victorias seguras. El Salvador resucitado, antes de ascender a

Aunque en términos generales es verdad que el conocimiento equivale al poder, con respecto al conocimiento de Dios, ésto es especialmente cierto.

los cielos, dijo: "Toda autoridad me ha sido dada en el cielo y en la tierra. Por tanto, vayan y hagan discípulos de todas las naciones" (Mateo 28:18-19).

También les dijo a sus discípulos: "Recibirán poder cuando venga el Espíritu Santo sobre ustedes" (Hechos 1:8). No muchos días después, en respuesta a la oración unida y continua, el Espíritu Santo vino, en efecto, sobre ellos, y todos fueron llenos. Alabado sea el Señor que todavía permanece con nosotros. El poder que nos ha sido dado no es un don del Espíritu Santo. El Espíritu mismo es el poder. Él ciertamente es tan poderoso hoy como lo fue en Pentecostés, y está tan a disposición nuestra hoy como lo estuvo en aquel día. Pero, desde Pentecostés hasta hoy, ¿la iglesia ha esperado como cuerpo, en Él siquiera diez días dejando de lado toda obra y toda preocupación para que ese poder se manifieste? Le damos mucha atención a los métodos, a la maquinaria y a los recursos, pero muy poca a la fuente de poder.

Bendito Jesús, que redimiste a tu pueblo con la sangre de tu propio corazón, bautízalo con más de tu Espíritu, para que otros que están pereciendo por falta de conocimiento puedan alimentarse también con el maná vivo y tener la luz de la vida. Amén.

El jardinero divino

*Toda rama que en mí no da fruto la poda
para que dé más fruto todavía.*

JUAN 15:2

El cuidado de la vid verdadera no se le confía a la mano de ningún aprendiz; el Padre mismo realiza esta tarea. Hablando del pueblo de Cristo como una manada encontramos que existen pastores, pero al considerarlo como una vid, el asunto es diferente porque cada rama, cada creyente está unido directamente a la vid verdadera y recibe todas las cosas que necesita mediante el cuidado del Gran Jardinero. Y esto es una bendición. Así la falta o exceso en la poda resulta imposible, no puede ocurrir. Él entrena y sustenta cada rama individual; conoce las necesidades de cada individuo y le provee sol o sombra, luz u oscuridad, tiempo seco o lluvia, según lo considere conveniente. La rama puede vivir satisfecha sin afanes ni preocupaciones.

De estas solemnes palabras aprendemos que es posible estar en Cristo y no dar fruto. Ellas no se refieren sólo a profesores que no están en Cristo. El tema de este capítulo no es la salvación sino la fructificación. La rama esteril que es podada no representa un alma que se pierde, sino una vida perdida. Los hombres pueden ser salvos "como por fuego", salvados como lo fue Lot de la destrucción de Sodoma,tras perder sus propiedades, su esposa y sus hijos, salvado tras una pérdida cuya magnitud sólo será revelada en la eternidad. El Señor guarde a su pueblo del amor al mundo o a las cosas del mundo.

Dios conoce las necesidades de cada individuo y le provee sol o sombra, luz u oscuridad, tiempo seco o lluvia, según lo considere conveniente.

El Gran Jardinero no solamente desecha las ramas que no dan fruto, sino que poda las que sí lo dan, para que produzcan más fruto. Las palabras "podar" en el texto arriba citado, y "limpiar" en el siguiente versículo, tienen significados equivalentes. Los métodos del Jardinero Divino no son necesariamente severos. Él limpia mediante la aplicación de la Palabra; y donde se escucha la suave voz del Espíritu mediante la Palabra, se hace innecesaria la disciplina severa y dolorosa. Cuánta coerción y restricción evitaríamos si la Palabra de Dios morara en mayor medida en nosotros, y si la dirección y la guía del Espíritu se obedeciera más implícitamente.

Divino Jardinero, declaro que la poda y la limpieza que estás haciendo en mi vida son buenas. Ayúdame a ver siempre que es tu mano bendita la que está obrando, no el azar ni el destino. Aplica el poder de tu Palabra a mi vida para que yo produzca más fruto. Amén.

DÍA 4

Fe

Tengan fe en Dios –respondió Jesús –.
MARCOS 11:22

Afírmese en la fidelidad de Dios. Abraham mantuvo firme su fe en Dios y ofreció a su hijo Isaac en sacrificio pensando que Dios era poderoso para levantarlo aun de entre los muertos. Moisés mantuvo su fe en Dios y fue el líder de millones de israelitas en el desierto. Josué conocía bien a Israel y no ignoraba las fortalezas que poseían los cananeos y sus proezas, pero mantuvo su fe en la fidelidad de Dios y cruzó el río Jordán al frente de su pueblo. Los apóstoles mantuvieron la fe en Dios y no se dejaron intimidar ni por el odio de los judíos ni por la hostilidad de los paganos. ¿Y qué más digo? Porque tiempo me faltaría contando de quienes "por fe conquistaron reinos, hicieron justicia, alcanzaron promesas, taparon bocas de leones, apagaron fuegos impetuosos, evitaron filo de espada, sacaron fuerzas de la debilidad, se hicieron fuertes en batallas, pusieron en fuga ejércitos extranjeros" (Hebreos 11:33-34).

Satanás también tiene su credo, y procura que nosotros lo aceptemos. Ese credo es: "Dude de la fidelidad de Dios." "¿Con que así ha dicho Dios? ¿No ha malinterpretado usted sus mandamientos? Quizá Él no quiso decir eso. Usted está adoptando un punto de vista extremista. Está interpretando sus palabras muy literalmente." ¡Ay! ¡con cuánta constancia y con cuánto éxito utiliza el diablo estos argumentos para impedirnos tener una confianza y una consagración a Dios de todo corazón!

Todos los gigantes de la fe en Dios han sido hombres y mujeres débiles que hicieron grandes cosas para Dios porque creyeron que Él estaría con ellos.

Todos los gigantes de la fe en Dios han sido hombres y mujeres débiles que hicieron grandes cosas para Dios porque creyeron que Él estaría

con ellos. Mire los casos de David y Jonatán y su
paje de armas; de Asa; de Josafat y de muchos
otros. ¡Ah, sí. Si existe un Dios vivo, fiel y veraz,
afirmemos nuestra confianza en su fidelidad.
Confiando en su fidelidad iremos a cualquier
lugar no importa lo difícil de la situación. Confiando en su fidelidad enfrentaremos todas
las dificultades y todos los peligros con calma,
sobriedad, con confiada seguridad de victoria.
Contaremos con gracia suficiente para el trabajo, tendremos recursos financieros suficientes,
lograremos los medios necesarios, y por último,
el éxito. No le otorguemos al Señor sólo una
confianza parcial. Confiemos en Él cada día y
cada hora, y sirvámosle recordando sus benditas
palabras: "¡Tengan fe en Dios!"

Dios Todopoderoso, deseo mantener firme mi fe en tu
fidelidad, sin importar el costo, o la manera como otros
me miren. Cuento con que Tú me provees todo lo que
necesito para obedecer cada mandato tuyo. Amén.

DÍA 5

Una mejor respuesta de Dios

Pero el Señor me dijo: "Te basta con mi gracia, pues mi poder se perfecciona en la debilidad."

2 CORINTIOS 12:9

Tanto la vida del Señor Jesús como la del apóstol Pablo arrojan luz y proveen una respuesta a la pregunta frecuente: "¿Dios siempre contesta la oración?" Por supuesto que hay muchas oraciones que Él no responde; oraciones que se hacen de manera incorrecta, que son contrarias a la voluntad revelada de Dios, o las que no están acompañadas de fe. Pero hay muchas otras oraciones que son peticiones hechas de manera apropiada, elevadas en un espíritu correcto, las cuales, a pesar de todo, no tienen respuesta en la manera en que el peticionario esperaba. Cuando surge una necesidad grande y se presenta ante el Señor en

*Lo que había
sido causa
de aflicción
y de pena,
se convirtió
en motivo de
regocijo y de
triunfo.*

oración, Él puede contestar supliendo la necesidad o eliminándola, así como podemos equilibrar una balanza agregándole peso al plato más liviano, o disminuyendo en el otro. El apóstol Pablo fue afligido por un problema, lo que él llamó, una espina (2 Corintios 12:7) y no tenía la fortaleza para soportarlo, por lo cual le pidió al Señor que lo quitara de su vida. Dios respondió su oración pero no eliminando el problema sino mostrándole el poder y la gracia para soportarlo con alegría. Por lo tanto, lo que había sido causa de aflicción y de pena, se convirtió en motivo de regocijo y de triunfo.

¿Y no fue esta en realidad una mejor respuesta a la oración de Pablo, que la mera remoción de la espina? Lo segundo lo hubiera dejado expuesto al mismo problema cuando viniera la siguiente aflicción, pero el método de Dios lo liberó, de una vez y para siempre, de toda opresión de pruebas similares en el presente y en el futuro. De ahí que exclamara con aire de triunfo: "Por lo tanto, gustosamente haré más bien alarde de mis debilidades, para que permanezca sobre mí el poder de Cristo" (2 Corintios 12:9) ¿Quién no desearía compartir la espina en la carne del apóstol, si por ella es introducido realmente a la experiencia de su liberación de la opresión de las debilidades, de todo mal, de toda necesidad, de todas las persecuciones y de toda aflicción, y si por ella llega a conocer que la hora y momento de la debilidad es la hora de la verdadera fortaleza? Entonces que nadie tema salir a obedecer gustosamente los mandatos del Maestro.

Padre bueno, Tú sabes cómo responder mejor mis oraciones. Ayúdame a escuchar en las ocasiones cuando tu respuesta sea darme la gracia para triunfar sobre el problema. Me regocijo en el poder que proviene de Jesús para fortalecer mi vida interior. Amén.

DÍA 6

Prosperidad verdadera

Dichoso el hombre que no sigue el consejo de los malvados, ni se detiene en la senda de los pecadores ni cultiva la amistad de los blasfemos.

SALMO 1:1

La forma de vida del pecador ya no se acomoda a la del verdadero creyente; y a la inversa, la forma de vida del creyente no va con la del pecador. En su función como testigo de su Maestro y con la esperanza de salvar a los perdidos, se mezcla con ellos, pero a diferencia de Lot, no "pondrá sus tiendas junto a Sodoma" (Génesis 13:12). ¡Ah! ¡cuántos padres, como mariposas nocturnas, se han acercado demasiado a la llama del pecado y han visto a sus hijos destruidos por ella, y aun ellos mismos no han escapado ilesos! Y cuántas iglesias e instituciones cristianas en un intento por atraer inconversos mediante diversiones mundanas y arriesgando sus valores, han falsificado la bendición de Dios, y han perdido así poder espiritual, al punto que quienes han atraído de esta manera no han sido beneficiados. En vez de ver a los no regenerados asimilando la vida, un estado de indolencia y muerte se ha adherido a ellos mismos. No es necesaria, ni hay espacio para ninguna otra atracción diferente a la que Cristo mismo ofreció cuando dijo: "Pero yo, cuando

> *La forma de vida del pecador ya no se acomoda a la del verdadero creyente; y a la inversa, la forma de vida del creyente no va con la del pecador.*

sea levantado de la tierra, atraeré a todos a mí mismo" (Juan 12:32). Nuestro Maestro estuvo siempre separado del pecado, y el Espíritu Santo dice inequívocamente: "¿Qué tienen en común la justicia y la maldad? ¿O qué comunión puede tener la luz con la oscuridad?" (2 Corintios 6:14).

"Ni cultiva la amistad con los blasfemos." La amistad con los blasfemos es un peligro especial en estos tiempos. El orgullo, la presunción y el desdén están íntimamente relacionados y muy

lejos, ciertamente, de la mente que está en Cristo
Jesús. Este espíritu se manifiesta con frecuencia
en nuestros días en la forma de crítica irreveren-
te; quienes están menos calificados se sientan
en la silla del juicio en vez de ocupar el lugar de
quien busca y quiere aprender. Los creyentes de
Berea no rechazaron desdeñosamente lo que al
comienzo les pareció extrañas enseñanzas del
apóstol Pablo, sino que exploraron las Escrituras diariamente para ver si estas cosas eran así
(Hechos 17:11). Hoy hasta las mismas Escrituras
se cuestionan y se ponen en tela de juicio, y
los fundamentos mismos de la fe cristiana son
abandonados por hombres que se consideran
apóstoles del pensamiento moderno.

Padre celestial, a dondequiera que vuelvo mis ojos abun-
dan el pecado y la maldad. Y resulta fácil intimar con
los blasfemos, criticar y menospreciar a otros creyentes
y otros asuntos espirituales que no entiendo. Necesito tu
ayuda, Señor, para no andar en el camino del pecado.
Dame esa ayuda hoy. Amén.

DÍA 7

"Vengan" y "vayan"

*Vengan a mí todos ustedes que están cansados y ago-
biados, y yo les daré escanso... Aprendan de mí... y
encontrarán descanso para su alma."*

MATEO 11:28

A cada pecador ansioso, cansado y agobiado,
Jesús le dice: "Ven a mí... y... descansa." Pero
también hay muchos creyentes ansiosos, cansados y agobiados. Y para ellos es también la
invitación del Señor. Note bien las palabras de
Jesús, si usted está cansado y abrumado con
su servicio, y no se equivoque. No dice: "Ve y
sigue trabajando" como pudiera imaginar. Por
el contario, el mandato es, haz un alto en tu
duro camino, da la vuelta, "Ven a mí y descansa."
Nunca, nunca, envió Jesús a alguien fatigado y
abrumado, a trabajar. Jamás, pero jamás envió a
alguien hambriento, agobiado, enfermo o triste,

a ningún tipo de servicio. Para los tales, Dios sólo tiene una palabra: "Ven."

El primer evangelista del Nuevo Testamento registra la invitación de la cual estoy hablando. El último de ellos también tomó nota de una oferta similar hecha por el Maestro: "¡Si alguno tiene sed, que venga a mí y beba!" (Juan 7:37). Y el Nuevo Testamento casi cierra con un mensaje en el mismo sentido: "El que tenga sed, venga; y el que quiera, tome gratuitamente del agua de vida" (Apocalipsis 22:17).

> *Jamás, jamás envió Jesús a alguien fatigado y abrumado, a trabajar. Nunca, pero nunca, envió a alguien hambriento, agobiado, enfermo o triste, a ningún tipo de servicio.*

¡Cuántos de los redimidos del Señor han pasado horas y días, y aun meses afligidos y reprochándose a sí mismos por algunas tareas imaginarias que no han tenido el valor o la fortaleza para realizar, porque están cansados y agobiados todo el tiempo! Cuántos podrían mencionar la presión que han sentido para hablarle a alguien sobre el estado de su alma, pero no han podido hacerlo.

Y cuántos más han hecho algo mucho peor: han hablado cuando no tenían un mensaje de Dios, y han hecho más mal que bien. Qué diferente hubiera sido si antes se hubieran acercado a Jesús, hubieran encontrado descanso y agua viva y luego, con las aguas rebosando en su interior, los ríos hubieran fluido naturales e incontenibles y la feliz expresión de sus rostros hubiera dicho más que todas las palabras salidas de sus corazones. Ninguno que hubiera mirado la cara de quien hablaba hubiera sentido: "Qué terrible debe ser la religión de estas personas." Recuerde que la invitación a "venir" no excluye el mandamiento de "ir". Por el contrario, es una preparación para hacerlo.

Señor Jesús, mucho de lo que hago, lo hago por obligación más que por la alegría de servirte. Vengo a Ti por el descanso que has prometido dar. Te pido que llenes el pozo de mi vida espiritual para que yo pueda tener agua para dar a los demás. Amén.

DÍA 8

Trillando montañas

¡Mujer, qué grande es tu fe! –contestó Jesús– Que se cumpla lo que quieres.

MATEO 15:28

Por fe fue sanada la hija de la mujer cananea aunque no era una candidata para ese milagro. Por fe cayeron los muros de Jericó, ¡y qué cosa más ilógica! Los hijos de Dios caminamos por fe. ¿Lo hacemos así realmente? ¿Qué registro hay en el cielo de cosas que hayamos obtenido por la fe? ¿El paso que damos cada día, es un acto de fe? Como hijos de Dios que somos, ¿creemos de veras lo que Él ha dicho en su Palabra, la Biblia? ¿Estamos listos a ocupar aun el lugar de un gusano, como lo hizo nuestro Maestro? "Pero yo, gusano soy y no hombre" (Salmo 22:6). O si nos damos cuenta de nuestra impotencia e insignificancia, ¿creemos que es

posible, que es la voluntad
de Dios para nosotros que
trillemos montañas? "No
temas gusano de Jacob" –le
dijo el Señor al profeta en la
antigüedad– "he aquí que yo
te he puesto por trillo, trillo
nuevo, lleno de dientes; tri-
llarás montes y los molerás,
y collados reducirás a tamo.
Los aventarás y los llevará el

¿Y cómo es...
que vamos
a trillar
montañas?
Escuchemos las
palabras del
Maestro.

viento, y los esparcirá el torbellino; pero tú te
regocijarás en el Señor, te gloriarás en el Santo
de Israel" (Isaías 41:14-16).

¿Y cómo es eso de que vamos a trillar montañas? –nos preguntamos. Escuchemos las
palabras del Maestro: "Tengan fe en Dios... Les
aseguro que si alguno le dice a este monte: 'Quí-
tate de ahí y tírate al mar', creyendo, sin abrigar
la menor duda de que lo que dice sucederá, lo
obtendrá" (Marcos 11:22-23). Pregunta usted: ¿y
cuándo ocurrirá? Y el Señor continúa diciendo
en el siguiente texto (versículo 24): "Crean que
ya han recibido todo lo que estén pidiendo en
oración, y lo obtendrán." Nosotros, por lo tanto,

"no nos inquietemos por nada; más bien, en toda ocasión, con oración y ruego, presentemos nuestras peticiones a Dios y démosle gracias" (Filipenses 4:6).

Ahora, pues, detengámonos y preguntémonos: ¿Qué es lo que deseamos? Y entonces reclamemos de una vez la promesa. ¿Algunos de nuestros parientes no son salvos todavía? ¿Tenemos dificultades para vencer? ¿Hay en nuestro camino montañas para remover? Entonces presentémoslas al Señor en oración.

Padre bueno, hay montañas en mi vida que necesitan ser trilladas. Por fe en tu gracia y en tu inmerecido favor, me aferro a Ti y a tus promesas. Sé grande en mi vida hoy. Amén.

DÍA 9

La bendición de dar

*Con mi ejemplo les he mostrado que es preciso traba-
jar duro para ayudar a los necesitados, recordando las
palabras del Señor Jesús: "Hay más dicha
en dar que en recibir."*

HECHOS 20:35

¡Oh, que Dios ungiera mi pluma como con
aceite fresco mientras procuro poner mi
propia alma y la de mis lectores bajo la plena
influencia de esta verdad!

Nuestro misericordioso Señor no contento con
sólo expresar esta verdad, le dio cuerpo en vida,
Él mismo la demostró con su muerte. Se vació Él
mismo para que nosotros fuésemos llenos. Él dio
tanto que es más pertinente preguntar ¿qué fue lo
que no dio? Se dio a sí mismo por nosotros.¡Que
nuestros corazones capten, asimilen y vivan esta
verdad! ¿Por qué se experimenta tan poco de

¿Por qué se experimenta tan poco de nuestra plenitud en Cristo? ¿Por qué no se disfruta más? Sencillamente porque fallamos en dar con liberalidad.

nuestra plenitud en Cristo? ¿Por qué no se disfruta más? Sencillamente porque fallamos en dar con liberalidad. Cuán poca cuenta se da la iglesia de lo mucho que se está empobreciendo a sí misma, permitiendo, con su descuido y su indolencia, que el mundo perezca por su incredulidad, por su egoísmo y su tacañería. ¿Qué le dice la vida de la iglesia al mundo? Cristo le ha dado su luz y ella se la niega a los que están pereciendo. Cristo ha dicho "prediquen a toda criatura", pero la iglesia dice: "¡No, no! En nuestro país, en cierta medida, si usted quiere, pero en el exterior, no. Unos pocos misioneros, si usted quiere, pero muchos...no. ¿Hemos de empobrecernos por el mundo que perece? Nunca."

Nos regocijamos al saber que hay muchos creyentes que creen las palabras del Señor Jesús cuando dijo que "más bienaventurada cosa es dar que recibir." Pero nosotros sin dudar afirmamos que el testimonio general dado por la iglesia practicante, como un todo, a todo el mundo incrédulo es que no es así. Que no cree esta afirmación de Jesús que el apóstol Pablo repite. Con razón el escepticismo crece y la incredulidad prospera.

Ya sea que lo creamos, o no, "es más bendecido dar que recibir." Si nos convertimos en "dadores", en personas que dan con generosidad y alegría nos beneficiamos de dos maneras: tendremos semilla para sembrar, y pan para comer, y en todas las cosas tendremos siempre todo lo suficiente y abundaremos en toda buena obra (2 Corintios 9:8). Tan sólo conviértase en "dador" y carece de importancia si tiene cinco panes o quinientos; los quinientos no serán más suficientes que los cinco, aparte del divino poder multiplicador.

Señor Jesús, Tú lo diste todo para que yo tuviera vida eterna. ¿He retenido lo que debía darte? Ejerce tu bendita influencia sobre el mundo a través de mi vida a medida que yo doy pasos para servir a los demás. Amén.

La bendición del Padre

*"El Señor te bendiga y te guarde; el Señor haga
resplandecer su rostro sobre ti, y tenga de ti misericordia;
el Señor alce sobre ti su rostro, y ponga en ti paz."*

NÚMEROS 6:24-26 RVR

Difícilmente podemos dejar de ver en esta triple bendición la gracia del Padre, del Hijo y del Espíritu Santo a la luz de la revelación plena del Nuevo Testamento. Si la miramos de esta manera, podemos ver en estas palabras mayor belleza y propiedad. Empecemos, entonces, con la primera frase, la bendición del Padre.

Considerándola como una bendición del Padre, ¿podría otra cosa ser más apropiada que "El Señor te bendiga y te guarde"? ¿No es ésto, lo que cada padre amoroso procura hacer? ¿bendecir y guardar a sus hijos? Un padre no considera lo anterior una tarea desagradable sino su más grande deleite. Ofrézcale a ese padre liberarlo de la responsabilidad paterna y ofrézcale además que usted adoptará a su hijo y verá cuál es su respuesta. Y no nos limitemos al amor paterno únicamente, sino incluyamos el amor de la madre también "porque así dice el Señor... como madre que consuela a su hijo, así yo los consolaré a ustedes" (Isaías 66:12-13. Y bien sabemos cómo se deleita una madre prodigándole cuidados al objeto de su amor. Con una paciencia incansable, una persistencia casi inagotable y un cuidado ilimitado, con frecuencia la madre sacrifica aun su propia vida por su bebé. Sin embargo, cuán fuerte es el amor de la madre, puede fallar y falla; pero el amor de Dios jamás.

> *¿No es ésto, lo que cada padre amoroso procura hacer, bendecir y guardar a sus hijos?*

Uno de los objetivos de la misión de nuestro Salvador fue revelarnos que en Él, en Cristo Jesús, Dios es nuestro Padre. De su complacencia en comunicarnos esta verdad da testimonio el sermón del monte.

¡Y qué glorioso Padre que es Él! Él es la fuente de la verdadera y total paternidad y maternidad. La suma de todo el amor, de toda la bondad y la ternura humana, son apenas una gotita de rocío en la inmensidad del mar. ¡Y qué seguro es el amor divino! Es frecuente el caso en que aunque no haya fallado el amor de los padres humanos, todavía este es impotente para bendecir y para brindar cuidado. Y es una bendición individual: "El Señor te bendiga y te guarde" incluye toda forma de bendición, tanto temporal como espiritual.

Padre celestial, ¡que dicha es ser tu hijo! tu amor, tu protección y tu cuidado me rodean. Que yo te ame y te bendiga hoy así como Tú me amas y me bendices.
Amén.

La bendición del Hijo

———✺———

"El Señor te bendiga y te guarde; el Señor haga resplandecer su rostro sobre ti, y tenga de ti misericordia; el Señor alce sobre ti su rostro, y ponga en ti paz."

NÚMEROS 6:24-26 RVR

Llegamos ahora a la segunda bendición: la bendición del Hijo. En el devenir de las edades, llegada la plenitud del tiempo, el Hijo de Dios se hizo también el hijo del hombre. Él vino a comunicar el amor del Padre y a manifestarlo en sí mismo. Nos faltaría tiempo para enumerar los actos de típico servicio que Él realizó.

"El Señor haga resplandecer su rostro sobre ti." El rostro es quizá la parte más maravillosa del maravilloso cuerpo humano. Entre todos los rostros que Dios ha creado, no existen dos exactamente iguales. Aunque ocasionalmente conocemos personas que tienen un tremendo

Donde está el brillo de su rostro sabemos que hay más que perdón, hay gracia y favor.

parecido, sus amigos íntimos que conocen bien sus expresiones, nunca se equivocan. ¿Y porqué no se confunden? Porque Dios así lo ha dispuesto, que el rostro revele el carácter y los sentimientos del individuo. Y es el propósito de Dios que el corazón de Cristo sea revelado a sus hijos. La voluntad de Dios es que "la luz que resplandeció en nuestros corazones, ilumine el conocimiento de la gloria de Dios en la faz de Jesucristo" (2 Corintios 4:6 RVR).

Donde está el brillo de su rostro sabemos que hay más que perdón, hay gracia y favor. "Restáuranos, oh Dios, Todopoderoso; haz resplandecer tu rostro sobre nosotros, y sálvanos" (Salmo 80:7). ¡Qué maravillosa vista de la luz y el brillo de la apariencia de Jesús deben haber tenido los afortunados discípulos que fueron testigos de su transfiguración! Se nos dice que su rostro resplandeció como el sol. El protomártir Esteban vio los cielos abiertos y el rostro del Señor resplandeció sobre él, y cuando lo vio fue tan semejante a Él que aun sus últimas expresiones, en el momento de su muerte, correspondieron a las del Señor Jesús en la cruz. De igual manera, cuando Saulo de Tarso, convertido después en el apóstol Pablo, vio la gloria del Salvador resucitado, vio una luz que superaba la brillantez del sol, y el efecto de esa visión cambió su vida por completo. Y cuando el Señor hace brillar la luz de su presencia sobre sus hijos, se produce un cambio moral y progresivo que los conduce a ser semejantes a Él.

Señor Jesús, es la luz del conocimiento de la gloria de Dios la que transforma mi vida. Te pido que la luz de tu rostro brille en mi corazón. Mi único deseo es verte tal como Tú eres. Amén.

DÍA 12

La bendición del Espíritu

*"El Señor te bendiga y te guarde; el Señor haga
resplandecer su rostro sobre ti, y tenga de ti
misericordia; el Señor alce sobre ti su rostro,
y ponga en ti paz."*

NÚMEROS 6:24-26 RVR

La gracia del Espíritu Santo es esencial para
completar la bendición. Nos conmueve, sin
embargo, la similitud de esta bendición con la
bendición precedente, la del Hijo. Pero no es
de sorprenderse porque así como el Hijo vino
a revelar al Padre, así el Espíritu Santo ha venido
para revelar al Hijo. Cristo es un verdadero consolador, y el Espíritu Santo es el otro Consolador
enviado por el Padre en nombre de Cristo para
que more con la iglesia para siempre. Cristo es el
Salvador que habita en y con nosotros; y el Espíritu Santo es el Consolador que también mora en

nosotros. El Espíritu Santo de seguro exaltará el semblante de aquél sobre quien Cristo hace brillar su rostro.

"Y ponga en ti paz." ¿Estamos disfrutando en la práctica esta bendición? ¿Descubrimos en realidad que cuando Jesús da quietud, nada puede intranquilizarnos? Si no es así, ¿cuál es la causa?

¿Descubrimos en realidad que cuando Jesús da quietud, nada puede intraquilizarnos? Si no es así, ¿cuál es la causa?

Jamás olvidaremos la bendición que recibimos a través de las palabras "pero el que beba del agua que yo le daré, no volverá a tener sed jamás" (Juan 4:14). Cuando nos dimos cuenta que Cristo literalmente quiso decir lo que dijo, que "no volverá a tener sed" significaba eso, y que con "jamás" quiso decir jamás, nuestro corazón rebosó de alegría al aceptar su regalo. ¡Qué tremenda la sed que teníamos, pero con qué alegría nos levantamos de nuestro asiento alabando al Señor porque los días de estar sedientos quedaban de una vez y para siempre en el pasado! Porque como el Señor continúa diciendo, "el agua que yo le daré será en él una fuente que salte para vida eterna" (Juan 4:14). No obstante, debemos prestar atención a las palabras de Cristo "el que bebe" no una vez nada más, sino el que hace del "beber" un hábito. Después de prometer que "de aquél que cree en mí, como dice la Escritura, brotarán ríos de agua viva", el pasaje bíblico agrega: "Con esto se refería al Espíritu que habrían de recibir más tarde los que creyeran en Él" (Juan 7:38-39). Esta bendición de la fuente de agua de vida está destinada para todos los que creen. "Y ponga en ti paz." Que cada creyente acepte este regalo ahora.

Espíritu Santo. Tú eres la fuente eterna del agua de vida de la cual estoy sediento. Solo Tú puedes hacer que Jesús sea real para mí. Lléname con tu paz y tu poder. Amén.

DÍA 13

Bendita adversidad

El Señor ha dado, el Señor ha quitado,
¡Bendito sea el nombre del Señor!

JOB 1:21

La relación de Dios con sus criaturas y particularmente con sus hijos está llena de bendiciones. Él es bueno, hace lo bueno, y solamente lo bueno siempre y continuamente. El creyente que ha adoptado al Señor como su Pastor puede, con toda seguridad, decir con las palabras del salmista: "La bondad y el amor me seguirán todos los días de mi vida; y en la casa del Señor habitaré para siempre" (Salmo 23: 6). De esta promesa deducimos que podemos estar seguros que los días de adversidad, tanto como los días de prosperidad, están llenos de bendición. Para estar satisfechos, el creyente no necesita esperar hasta ver la razón de las

obras del Señor que le han causado aflicción.
Él sabe que "todas las cosas obran para el bien
de quienes aman a Dios" según Romanos 8:28.

La historia de Job debería
enseñarnos muchas lecciones
de gran interés y utilidad. En
ella el velo que nos oculta el
mundo espiritual invisible se
levanta y aprendemos mucho
sobre el poder de nuestro
gran adversario, pero también
de su impotencia para tocar-
nos, si no tiene el permiso de
Dios nuestro Padre.

*Nuestro Padre
celestial se
deleita cuando
puede confiar en
un hijo durante
la prueba.*

Con mucha frecuencia Satanás hostiga al
creyente, en tiempos de aflicción y de prueba,
haciéndolo pensar que Dios está enojado con
él. Pero nuestro Padre celestial se deleita cuando
puede confiar en un hijo durante la prueba. To-
memos el caso de Abraham: Dios confiaba tanto
en él que no tuvo temor de pedirle a su siervo
que ofreciera a su hijo bien amado. Y en el caso
de Job, no fue Satanás quien retó a Dios, sino el
mismo Señor quien retó a nuestro archienemigo
a que encontrara alguna falta en el carácter de Job.

En ambos casos triunfó la gracia y en cada caso la paciencia y la fidelidad fueron recompensadas.

La respuesta de Satanás es digna de notar. Él sí había considerado al siervo de Dios y evidentemente sabía todo sobre él. El gran enemigo había descubierto la ineficacia de todos sus esfuerzos para hostigar y desviar fuera del camino al amado siervo de Dios. Había encontrado un enrejado, una cerca alrededor de Job, de sus siervos y de su casa, y alrededor de todo lo que tenía en todas partes, que le brindaba total protección. Qué bendición vivir así de protegido.

¿No hay una bendición espiritual semejante que podamos disfrutar hoy? Gracias a Dios sí la hay. Cada creyente puede ser tan guardado, protegido y plenamente bendecido.

Todopoderoso Señor, ayúdame a ver que habito bajo la sombra de tus alas, y que por tu poder soy guardado para una salvación que un día será revelada y todos podremos ver. Te alabo por el cerco de protección con el cual rodeas mi vida. Mantenme enfocado en Ti. Amén.

DÍA 14

Todo suficiente

El Señor es sol y escudo; Dios nos concede honor y gloria. El Señor brinda generosamente su bondad a los que se conducen sin tacha.

SALMO 84:11

El Señor Dios es un sol y un escudo y éste es el más alto sentido concebible. Ninguna de las obras del Señor puede revelar en toda su plenitud al gran diseñador, al gran ejecutor y al gran sostenedor del universo; y ni los pensamientos más elevados, ni la más viva imaginación de la finita mente humana pueden elevarse y comprender lo infinito. Nuestro sol, el centro de nuestro sistema planetario, es inconcebiblemente grande, no podemos comprender su magnitud; es increiblemente glorioso, no podemos mirar su brillantez sin algo que la modere y permita que nuestros ojos la contemplen. Y sin embargo, quizá sea el más pequeño de los incontables soles que Dios ha creado. Si esas son sus obras, piense en el glorioso Creador de todas ellas.

El Señor Dios es un sol. Él es la realidad de todo lo que el sol, o los soles, sugieren. Mi querido hermano o hermana que lees estas líneas, ¿Él es un sol para ti? Y el Señor Dios es un escudo. Los peligros nos rodean a todo momento. Dentro de nosotros y alrededor de nosotros existen peligros invisibles que en cualquier momento podrían terminar con nuestra carrera en la tierra. ¿Por qué, entonces, vivimos tan seguros? Porque el Señor Dios es un Escudo. El mundo, el demonio y la carne son enemigos reales. Y si no tenemos ayuda somos impotentes para guardarnos o liberarnos de ellos. Pero el Señor Dios es un escudo. En este orden de ideas, ir a China es algo pequeño, es correr sólo un riesgo adicional porque allá, como aquí, el Señor es un escudo. Conocer y cumplir su voluntad es nuestra seguridad y nuestro descanso.

Conocer y cumplir su voluntad es nuestra seguridad y nuestro descanso.

¡Qué dulces son sus promesas! Dios concede honor y gloria. Gracia inmerecida y gratuita; y ahora gloria también, la gloria de ser suyos, de poder servirle y gloria en el alma. El Señor brinda generosamente su bondad a los que se conducen sin tacha. Y cuán frecuentemente, cuando estamos insatisfechos con la forma de obrar del Señor, deberíamos estar insatisfechos es con nuestra forma de actuar.

Pero aun siendo tan dulces las promesas de Dios, el que promete es mucho más grande, más dulce y mucho mejor en todo sentido. Aunque hayamos reclamado todas las promesas y hayamos abierto completamente nuestras bocas, Él todavía es poderoso para hacer todas las cosas mucho más abundantemente de lo que pedimos o entendemos (Efesios 3:20). El Señor se deleita haciéndolo así.

Señor Dios, no pasa un día sin que falle en comprender tu magnificencia. Ayúdame a calentarme hoy en el sol de tu amor y a gloriarme en la seguridad de ser tuyo. Abro de par en par mi corazón para que Tú lo llenes. Amén.

DÍA 15

Posesión y gobierno divino

Cuando Israel, el pueblo de Jacob, salió de Egipto, de un pueblo extraño, Judá se convirtió en el santuario de Dios; Israel llegó a ser su dominio. Al ver esto, el mar huyó; el Jordán se volvió atrás. Las montañas saltaron como carneros, los cerros saltaron como ovejas.

SALMO 114:1-4

Judá fracasó tristemente en retener la presencia de Dios en su medio, e Israel demostró tanto infidelidad como rebelión durante toda la prueba. Pero nada de eso invalidó el hecho de que Israel tenía un rey, y que ese rey era el Todopoderoso. Es extraño que el hombre sólo pueda resistirse a su Creador. Pero bendita la verdad de que la presencia divina no depende de nuestra percepción de ella, y que el poder de Dios no está necesariamente limitado por nuestra falta de fe. "El mar huyó y el Jordán se volvió atrás." Pero si este fue el caso y si Dios obró en forma tan extraordinaria a pesar del pecado y del fracaso del pueblo, ¿cuál hubiera sido la bendición si hubieran ejercitado constantemente su fe? Bienaventurado, sí, y dichoso quien rinde todo su ser a su Salvador y su Dios, y permite que more en él y lo gobierne.

Bienaventurado, sí, y dichoso quien rinde todo su ser a su Salvador y su Dios.

Aparte de su presencia en nosotros y de su gobierno, cuán impotentes somos y cuán desesperanzados llegamos a estar. Pero cómo cambia todo esto cuando "ya no soy yo, sino Cristo el que vive en mí" (Gálatas 2:20). Entonces ya no clamo por ser liberado del cuerpo de esta muerte, sino que la vida que vivo –aunque todavía en la carne– la vivo en la fe (en fidelidad) del Hijo de Dios, quien nos amó y se entregó a sí mismo por nosotros.

Ciertamente descubriremos que esta nueva vida no está exenta de conflictos. El mundo todavía sigue siendo mundo; la carne conserva sus debilidades; y el demonio continúa su guerra contra nosotros. Escapamos de Egipto, pero

Egipto todavía nos persigue. Pero aunque el mar Rojo sea una barrera insuperable para la mente carnal, si Cristo habita en nosotros el mar ve y huye, entonces comenzamos a descubrir que no existe ninguna barrera en la presencia de nuestro Rey y Maestro. Las imponentes olas del mar, la creciente del Jordán inundando sus flancos, llevan la presencia de quien, cuando estuvo en la tierra calmó los temores de los pescadores del mar de Galilea ordenando a las olas embravecidas, "¡Guardad paz!" Las montañas de dificultades saltan del camino como carneros, y las montañas más pequeñas, pero más numerosas, llegan a ser tan inofensivas como ovejas.

Padre celestial, el mundo, el demonio y la carne nunca abandonan la batalla. Sólo tu presencia en mi vida vence el poder de las tinieblas. Que tu presencia se manifieste en mi vida hoy. Amén.

DÍA 16

Posesión y gobierno divino

*¿Qué te pasó, mar, que huiste, y a ti,
Jordán, que te volviste atrás? ¿Y a ustedes
montañas, que saltaron como carneros? ¿Y
a ustedes cerros, que saltaron como ovejas?
¡Tiembla, oh tierra, ante el Señor, tiembla
ante el Dios de Jacob!*

SALMO 114:5-7

En la historia de la salida del pueblo de Israel de Egipto y su posterior entrada a la tierra prometida, el papel del desierto es significativo, pero no se le menciona en este salmo; el desierto desaparece junto con la generación infiel que fue sepultada en él. ¿Cuál es la razón para ello? Porque en la vida de fe no existe el desierto. El mar, el límite del lado de acá ve a nuestro Maestro y huye; el Jordán, el límite del lado de allá ante su presencia se vuelve atrás.

El desierto es para los incrédulos que no entrarán en el descanso.

Nosotros hemos entrado a una tierra hermosa. Las montañas y las colinas más pequeñas no constituyen barreras insalvables. Ante la presencia del Maestro el desierto deja de ser desierto. Pero a veces Él considera conveniente remover aun las pequeñas bendiciones terrenales que son su propio regalo. Él ha prometido –prometido, no amenazado–: "Aún una vez, y conmoveré no solamente la tierra, sino también el cielo." La expresión "aún una vez" indica la remoción de lo que puede ser removido, esto es, las cosas creadas. Así que lo que no puede ser removido permanecerá. (Hebreos 12:26-27).

> *Ante la presencia del Maestro el desierto deja de ser desierto.*

Tal vez, a veces no nos damos cuenta de cuánta razón tenemos para la gratitud cuando el amoroso Padre remueve algún sostén o apoyo que puede ser removido, en el cual confiábamos demasiado, en vez de confiar solamente en la Roca de los siglos; un apoyo que estaba eclipsando, en alguna medida nuestra visión del reino de Dios. Tal vez Él se dio cuenta que nos complacíamos confiando en nuestros remos, o quizá en un embarcadero que nos aseguraba contra la corriente pero era incompatible con nuestro avance aguas arriba, y con el batallar con corrientes peligrosas, lo cual es un entrenamiento necesario para futuras victorias.

Vendrá un día en el cual no solamente el mar huirá y el Jordán se volverá atrás, sino que el mismo cielo y la misma tierra huirán ante la presencia del Señor, del Dios de Jacob. Es con este Dios Todopoderoso que tenemos que tratar, no con las montañas y colinas, con los mares y ríos. Tal vez no estemos contentos con ninguna de nuestras circunstancias, o ninguno de los ambientes que nos rodean, pero recordemos lo que el Señor nos ha prometido: "Nunca te dejaré; jamás te abandonaré" (Hebreos 13:5).

Señor, solo Tú eres mi ayudador. No temeré. ¿Qué me puede hacer el hombre? Remueve de mi vida los puntos de apoyo diferentes a ti, y fortaléceme para tu servicio. Amén.

DÍA 17

Permanezca en Cristo

"Permanezcan en mí, y yo permaneceré en ustedes. Así como ninguna rama puede dar fruto por sí misma, sino que tiene que permanecer en la vid, así tampoco ustedes pueden dar fruto si no permanecen en mí."

JUAN 15:4

Jesús fue enfático en cuanto a la importancia que Él le otorga al hecho de permanecer en Él. Si no lo hacemos, no es que producimos menos fruto, o un fruto de inferior calidad, sino que separados de Él no podemos hacer nada. La disyuntiva es: permanecer en Él, y dar fruto, o no permanecer y no dar ningún fruto, sino tan sólo obras humanas. La diferencia entre fruto y obras humanas es importante. Las obras humanas no muestran el carácter de quien las hace, sólo su habilidad. Un mal hombre puede hacer una buena silla. Las obras humanas, ciertamente, pueden ser buenas y útiles, pero no se propagan por sí mismas. El fruto, por el contrario, revela el carácter de quien lo produce, y lleva su semilla en sí mismo; es productivo, se reproduce.

¿Cuál es el significado de las palabras "Permanezcan en mí, y yo permaneceré en ustedes"? Las dos palabras "Yo soy" son la clave de este capítulo. El hecho importante no es lo que usted es, ni lo que puede hacer. Jesús declara "Yo soy la vid verdadera" y agrega, "y mi Padre es el labrador" (Juan 15:1). Él aparta nuestros pensamientos de nosotros mismos y prácticamente nos dice: "Crean en Dios, y crean también en mí" (Juan 14:1).

> *Las obras humanas no muestran el carácter de quien las hace, sólo su habilidad. El fruto, por el contrario, revela el carácter de quien lo produce.*

"Yo soy la vid." Él no es solamente cualquier parte de la vid, sino toda la vid. La vid es la planta integral: raíz, tronco, ramas, vástagos, hojas, flores, fruto. Algunos de nosotros, que pasamos por alto este hecho, leemos el pasaje como si dijera: "Yo soy la raíz y ustedes son las ramas" y entonces decimos: "¡Ah! Hay suficiente savia en la raíz, pero, permaneciendo en ella ¿cómo voy a lograr esa rica savia en mi rama pobre y débil?" La rama no logra nada separada de la vid, pero permaneciendo en ella lo disfruta y lo logra todo. Así somos nosotros en Cristo.

La corta palabrita "en" requiere que le demos un poco de atención. No tiene aquí el sentido de "estar" dentro de, como cuando lo menos está contenido en lo más. Tal como se utiliza en este texto, "en" implica "unión con", plena identificación. La rama es vital y orgánicamente una con la vid, así como el ojo o el oído es uno "en" el cuerpo. Y la palabra "permanecer" da más una idea de descanso que de acción o movimiento; de un disfrute logrado, no de búsqueda o esfuerzo.

La doble expresión indica un habitar mutuo. Reconozca y acepte las dos verdades, no algunas veces, sino para siempre.

Señor Jesús, soy feliz de estar unido a Ti como una rama en la vid. Mi vida y todo mi ser están en Ti. Que yo dé fruto que te honre y te glorifique. Amén.

Humildad

Quien, siendo por naturaleza Dios, no consideró el ser
igual a Dios como algo a que aferrarse. Por el contario,
se rebajó voluntariamente, tomando la naturaleza de
siervo y haciéndose semejante a los seres humanos.

FILIPENSES 2:6-7

Ya conocen la gracia de nuestro Señor Jesucristo, que aunque era rico, por causa de ustedes se hizo pobre, para que mediante su pobreza ustedes llegaran a ser ricos" (2 Corintios 8:9). "La actitud de ustedes debe ser como la de Cristo Jesús" (Filipenses 2:5).

¿Puede alguien mirar a lo que el Hijo de Dios renunció cuando dejó el trono celestial para ser acunado en un pesebre? Quien habiendo creado todas las cosas y habiendo ejercido su omnipotencia se convirtió en un débil infante que fue envuelto en pañales; quien siendo el amado del Padre nunca careció de aprecio ni fue jamás incomprendido, quien recibía incesante adoración de todas las jerarquías de los cielos, y aún así se convirtió en un despreciado nazareno, incomprendido por sus más fieles seguidores, objeto de sospecha de aquellos a quienes vino a bendecir, despreciado y rechazado por quienes le debían su vida misma, y cuya salvación Él había venido a buscar. Y finalmente fue hecho objeto de burla, lo escupieron, lo crucificaron y mataron en medio de ladrones, bandidos y transgresores de la ley. ¿Puede usted mirar estos hechos y todavía dudar de hacer los más pequeños sacrificios que Él lo llama a hacer? ¿No nos prepararemos para no renunciar solo a estas pequeñeces, sino a mil más por Cristo? Yo creo que es su deseo, por la gracia divina, "no hacer caso de ninguna cosa ni estimar su vida preciosa como para usted mismo, con tal que acabe su carrera con gozo, y el ministerio que recibió del Señor Jesús" (Hechos 20:24).

¿Puede alguien mirar a lo que el Hijo de Dios renunció cuando dejó el trono celestial para ser acunado en un pesebre?

Ríndase a Dios sin ninguna reserva, plena y totalmente a Él, aquel a quien usted le pertenece y a quien desea servir en esta tarea, y no sufrirá desilusiones. Pero si se permite así mismo la pregunta "¿Soy llamado a renunciar a todo esto?" o si admite el pensamiento "Yo no esperaba este inconveniente o este sacrificio" entonces su servicio cesará de ser libre y gozoso, que es la forma de hacerlo para que sea exitoso. "Dios ama al que da con alegría" (2 Corintios 9:7).

Amado del Padre, me postro delante de Ti en reverencia por el infinito sacrificio que hiciste por mí. Rindo mi corazón y mi alma completamente a Ti. Que por tu gracia yo conozca tu llamado y lo cumpla con gozo. Amén.

DÍA 19

El cuidado protector de Dios

El Señor es mi pastor, nada me falta.

SALMO 23:1

Es la voluntad del Padre que sus hijos no sufran absolutamente ninguna preocupación, ni sean inquietados por ningún afán. "No se inquieten por nada" (Filipenses 4:6). "No hurtarás" (Éxodo 20:15). Sin embargo, para estar en capacidad de obedecer este mandamiento, es necesario conocer la constancia de la solicitud del Señor, quien siempre cuida de nosotros, y necesitamos poner en práctica la instrucción divina: "En toda ocasión, con oración y ruego, presenten sus peticiones a Dios y denle gracias" (Filipenses 4:6).

El confort de esta bendita seguridad es la feliz porción de todo el pueblo de Dios; de nuestros amigos y hermanos que nos apoyan en casa, junto con nuestros obreros esforzados en el exterior.

Qué consuelo es notar la frecuencia con que las Escrituras utilizan el presente al referirse a las promesas y tratos de Dios con sus criaturas, particularmente con sus hijos. En este salmo, por ejemplo, sólo se utiliza un tiempo gramatical condicional en una sola frase del versículo cuatro. Toda la precisión y certeza que podemos desear se transmiten mediante afirmaciones positivas, y es digno de notar que cada expresión de aliento, o se comunica en el tiempo presente, o está basada en él. "El SEÑOR es mi pastor, nada me falta."

> *Es digno de notar que cada expresión de aliento, o se comunica en el tiempo presente, o está basada en él.*

Es reconfortante recordar que la provisión plena para todas nuestras necesidades está garantizada por nuestra relación con Dios como nuestro Pastor, por amor a su propio nombre, y para su propia gloria, tanto como por su gran amor por nosotros. Una oveja flaca, huesuda, con sus extremidades heridas y con su lana hecha un asco, no sería un buen crédito para el cuidado del pastor; pero a menos que decidamos desviarnos de Él y no permanecer bajo su protección, no hay ningún temor de que ese llegue a ser nuestro caso.

"El SEÑOR es mi Pastor." El salmo no dice que "era", o que "podría ser", o que "será". No. "El SEÑOR es mi Pastor", lo es el domingo, lo es el lunes, y cada uno de los días de la semana; lo es en enero, "es" mi pastor en diciembre, y en cada uno de los meses del año. Es mi Pastor en casa y en la China; es mi pastor en tiempo de paz y en tiempo de guerra; es mi pastor en la abundancia y en la necesidad. Vivamos, pues, en el gozo y la alegría de esta bendita verdad.

Mi bendito Pastor, perdóname si me he extraviado de tu cuidado, o si he permitido un distanciamiento en mi relación contigo. Restáurame el gozo de saber que Tú eres el Pastor de mi alma, tanto ahora como por la eternidad. Amén.

Las garantías de Dios

"Más bien, busquen primeramente el reino de Dios y su justicia, y todas estas cosas les serán añadidas."

MATEO 6:33

Es política de nuestra Misión del Interior de la China invitar la cooperación de nuestros compañeros creyentes, sin distinción denominacional. Los creyentes que creen plenamente en la inspiración de la Palabra de Dios y que están dispuestos a demostrar su fe yendo al interior de China con las únicas garantías que encuentran en las páginas de las Biblias que llevan consigo. Dios ha dicho: "Más bien, busquen primeramente el reino de Dios y su justicia, y todas estas cosas (alimento y vestido) les serán añadidas." Si alguien no cree que estas son palabras de Dios, es mejor que no vaya a propagar una fe que no tiene. Si las cree, de

seguro la promesa de Dios se hará realidad y
sus necesidades serán suplidas.

Digámoslo otra vez: "No qui-
tará el bien a los que andan en
integridad" (Salmo 84:11 RVR). Si
alguno no está caminando con
rectitud y en integridad, mejor
que se quede en casa; si lo está,
tiene todo lo que necesita como
si dispusiera de un fondo de
garantías. El Señor es el dueño de todo el oro y
la plata del mundo, y de los ganados y de todo
lo que existe en la tierra.

No necesitan una fe grande, sino fe en un Dios grande.

El dinero en el lugar incorrecto, en manos de
quien no debe estar, y el dinero que se da con
motivación incorrecta, en ambos casos debe ser
temido. Podemos, sin problemas, pasar con tan
poco dinero como el Señor nos haya concedido,
pero no podemos tener dinero no consagrado,
o en el lugar o en las manos equivocadas. Es
mucho mejor no tenerlo, después de todo, y
aún carecer del que necesitamos para comprar
alimentos, porque todavía hay cuervos en China
que el Señor podría enviar otra vez con pan y
con pescado. El Señor es siempre fiel. Él prueba

la fe –o más bien la fidelidad– de sus hijos. Algunos creyentes oran y piden: "Señor, aumenta nuestra fe." Pero, ¿el Señor no les reprochó a sus discípulos tal tipo de oración? Él les dijo: "No necesitan una fe grande, sino fe en un Dios grande. Aunque su fe sea tan pequeña como un grano de mostaza, será suficiente para remover esta montaña." Necesitamos una fe que dependa y descanse en un Dios grande, y que crea y espere que ese Dios cumpla su Palabra y haga exactamente lo que ha prometido hacer.

Señor Jesús, para Ti no es un secreto la manera como yo manejo mis finanzas en relación con la obra de tu reino. Que yo siempre confíe en tu fidelidad más que en mis posesiones personales. Muéstrame qué es lo que Tú quieres que yo busque en Tu reino. Amén.

Piense en el débil

Dichoso el que piensa en el débil;
el Señor lo librará en el día de la desgracia.

SALMO 41:1

El carácter del hombre que piensa en el débil refleja de tal manera el carácter de Cristo, que Dios lo considera bienaventurado y lo mira con aprobación. Tal hombre muestra como un espejo rasgos de Cristo, y como tal refleja su carácter. El corazón del Señor se inclina hacia él, y Dios derrama sobre él toda cosa buena y necesaria para su vida. Ha pensado en el débil, y en la medida de su capacidad ha ayudado a quienes tienen necesidad y problemas. ¿Y hará Dios menos por él? ¡Por supuesto que no! El versículo siguiente dice: "El Señor lo protegerá y lo mantendrá con vida; lo hará dichoso en la tierra y no lo

La bendición de Dios es para quienes "piensan"y se interesan en los pobres y los débiles, para quienes enfocan su atención en los pobres y necesitados.

entregará al capricho de sus adversarios" (Salmo 41:2).

Pero, ¿quién es el que es así de bienaventurado? No es el que aparta su mirada de un espectáculo doloroso después de dar una limosna insignificante, o el que se libera de la importunidad de un recolector de fondos para una causa de beneficencia. No es el que acalla su conciencia con regalos que no implican ningún sacrificio de autonegación, o el que aleja de su mente la necesidad de los pobres y necesitados y luego reclama las bendiciones prometidas a los caritativos. Y los que buscan fama y renombre con sus donaciones o regalos, ni siquiera los consideramos. La bendición de Dios es para quienes "piensan" y se interesan en los pobres y los débiles, para quienes enfocan su atención en los pobres y necesitados y que hacen lo que pueden, aun a costa de su sacrificio personal, para disminuir la suma del dolor humano. Los tales son, ciertamente, bienaventurados, y es bendita su porción, que nunca les será quitada.

No espiritualicemos el texto hasta hacerle perder su significado obvio. Nosotros, los así llamados protestantes, con frecuencia estamos en riesgo de hacerlo. ¿Cuánto del precioso tiempo y de las energías que el Señor nos ha dado lo hemos invertido en bendecir materialmente a los pobres, los afligidos y necesitados? Tales acciones no son perdidas, si se realizan con motivaciones correctas. Son obras de Dios; son obras de Cristo.

Mientras escribo estas líneas me encuentro en un bote Chino, en el embarcadero de una aldea China. Mi corazón está conmovido. ¿Qué más puedo decir? Yo le suplico que piense en los pobres y en sus necesidades, y ojalá el Señor le dé entendimiento.

Señor Jesús, yo leo las palabras y pienso en su significado; pero solo tu Espíritu Santo puede hacer que mi corazón sea como el tuyo. Dame un corazón que se interese en los pobres, en los necesitados y en el mundo que se pierde. Amén.

DÍA 22

Preparación espiritual

¡Sean manifiestas tu obras a tus siervos, y tu esplendor a sus descendientes! Que el favor del Señor nuestro Dios esté sobre nosotros. Confirma en nosotros la obra de nuestras manos; sí, confirma la obra de nuestras manos.

SALMO 90:16-17

El deseo de ser prósperos en nuestros asuntos seculares y en nuestras empresas espirituales es natural, y pocos hay que no estén preparados para coincidir con Moisés en su última petición expresada en el Salmo 90. Esta petición es perfectamente legítima si se mantiene en el lugar apropiado. Se debe notar, sin embargo, que no está en el primer versículo del salmo, sino en el último. Si ella ocupa en nuestros corazones el mismo lugar que ocupó en la oración de Moisés, este será un lugar bueno y seguro que podremos ofrecerle.

La historia de Moisés es bastante instructiva. Él no era un hombre joven cuando por primera vez intentó liberar a su pueblo Israel. Y como cualquiera podría decirlo, no es que le faltara preparación o que no estuviera equipado para ello. No obstante, sí carecía de la preparación espiritual necesaria. Su ego tenía todavía el control de su vida y eso lo llevó al fracaso. Cuando quiso hacer algo por su pueblo, siguió adelante con base en "suposiciones". Humillado por su fracaso y habiendo aprendido lecciones que necesitaba aprender, no volvió a intentar su empresa de liberación hasta cuando Dios mismo lo presionó a hacerlo.

¿No estaremos más interesados en que la belleza del Señor nuestro Dios repose sobre nosotros, que en que Él confirme la obra de nuestras manos?

La sola liberación del mal y de la aflicción conducen a una vida de autosatisfacción, carente del conocimiento o del interés en los grandes propósitos de Dios. De ahí que en este salmo Moisés orara pidiendo que "tus obras sean manifiestas a tus siervos, y tu esplendor a sus descendientes."

Esta oración no es menos apropiada en nuestros días que en los tiempos de Moisés. En su oración él sigue diciendo: "Que el favor del Señor, nuestro Dios, esté sobre nosotros." No solamente que sea revelado a nosotros, sino que se refleje y repose en nosotros. Y cuando Moisés descendió del monte Sinaí, el favor o la belleza del Señor estaba sobre Él, así que su oración es porque todo el pueblo de Dios refleje la belleza de su carácter.

¿No estaremos más interesados en que la belleza del Señor nuestro Dios repose sobre nosotros, que en que Él confirme la obra de nuestras manos? Que este sea nuestro principal objetivo. Entonces que la petición venga, en su lugar adecuado, la petición: "Confirma en nosotros la obra de nuestras manos; sí, confirma la obra de nuestras manos."

Oh Señor, nuestro Dios, mis prioridades en la oración con frecuencia están invertidas. Instrúyeme en tus caminos, muéstrame tus grandes obras y el esplendor de tu Hijo, y que tu favor y belleza reposen sobre mí mientras procuro glorificarte en todo lo que hago. Amén.

DÍA 23

Príncipe y Salvador

*Por su poder, Dios lo exaltó como Príncipe
y Salvador, para que diera a Israel arrepentimiento y
perdón de pecados.*

HECHOS 5:31

Estas palabras del apóstol Pedro indican los oficios para los cuales Dios exaltó a Jesús. Notemos bien el orden: primero usted debe aceptar al Príncipe si desea recibir al Salvador. Hay muchos individuos que desearían ser salvos y permanecer inconversos, porque no quieren someterse ellos mismos, rendir su voluntad y rendirlo todo a Dios. Muchos otros son salvos a medias, si es que podemos decir tal cosa, porque no aceptan al Príncipe en su vida, y en consecuencia no tienen Salvador que los libre eficazmente en la hora de la tentación. Pueden ver el cuadro de su vida al mirar a un

> *El niño puede gatear, incluso puede dar algunos pasitos, pero cuando se trata de caminar, tropieza y cae.*

niño pequeñito tratando de caminar. El niño puede gatear, incluso puede dar algunos pasitos, pero cuando se trata de caminar, tropieza y cae. Eso exactamente le ocurre a las personas que no tienen un rey. ¡Oh, sí; rechazar al rey no produce ninguna utilidad! Así como el hijo pródigo se moría de hambre y vestía harapos mientras que en casa de su padre tenía los mejores vestidos y el carnero gordo esperándolo, así mismo hay descanso, hay paz alegría, hay fruto y poder dentro del reino de Dios y bajo su autoridad.

¿Puede usted caminar en la vida cristiana mi querido lector? ¿Tiene éxito y prospera en todo lo que emprende? ¿Reciben respuesta todas sus oraciones? ¿Recibe sin temor cada mañana? ¿Es cada día para usted un salmo, y cada noche una acción de gracias, cantada a veces en tonos tristes, pero canción al fin y al cabo? ¿Las personas que le rodean pueden ver en su vida un testigo del reino de Dios? ¿Se nota el señorío de Dios en su trabajo, en su forma de vestir, y en su estilo de vida? ¿Las personas que lo visitan se sienten impresionadas por la realidad del reino de Dios? ¿O hay muchas cosas, algunas cosas, tal vez solo una cosa sobre la cual usted reclama su derecho a decidir por sí mismo? Recuerde que tal demanda y tal derecho destrona de su vida a su Señor y Maestro, en la medida en que usted depende de su poder, no importa cuán pequeño o trivial sea el asunto. Esa acción equivale a decir: "No quiero que Él reine sobre mí" (Lucas 19:14). Si vive o desea vivir de acuerdo con la voluntad de Dios, estará feliz de permitirle al Señor reinar en su vida, y entrar así a disfrutar de toda la plenitud del señorío tanto como de la provisión divina, entregándole todas sus debilidades y sus fracasos. ¿Es el Señor su rey cuando dice: "Por tanto, vayan y hagan discípulos de todas las naciones" (Mateo 28:19)?

Escudriña mi corazón, Señor, y ocupa tu lugar como absoluto Señor de mi vida. Derriba todas las cosas que impidan que Tú seas mi Príncipe, tanto como mi Salvador. Amén.

DÍA 24

Ciencia espiritual

*Ya conocen la gracia de nuestro Señor Jesucristo, que
aunque era rico, por causa de ustedes se hizo pobre, para
que mediante su pobreza ustedes llegaran a ser ricos.*

2 CORINTIOS 8:9

Existen condiciones muy claras para obtener el
éxito en nuestra vida espiritual. Si las ignora-
mos, podríamos trabajar muy duro, y sembrar
mucho, y sin embargo cosechar muy poco.
¿No cree usted que el fracaso de muchos de
nuestros esfuerzos se debe a nuestro intento
de hacer la obra de Dios de manera humana,
y a veces hasta a la manera del diablo? ¿Es
sorprendente esta pregunta? Le sugiero que
lea el relato de las tentaciones que enfrentó
nuestro Señor Jesús en el desierto después
de su bautismo y note lo que es la manera de
Satanás (Mateo 4). ¿No han sido escuchadas, a
menudo y sin saberlo, las sugerencias satánicas

en el intento de hacer avanzar la obra de Dios? ¿No han sido inducidos a veces los cristianos en nuestro país y en el exterior a comenzar a trabajar, y tal vez a continuar la obra por los incentivos de apoyo y posición prometidos? ¿Se recibirían siempre las mismas sumas de dinero para la obra de Dios si no se pasara el platillo de las ofrendas, o si los nombres de los donantes no se publicaran?

Cuando el Señor de la gloria vino a traer la mayor bendición escogió el lugar más humilde, como el que mejor se adaptaba para cumplir su propósito.

Cuando el Señor de la gloria vino a traer la mayor bendición escogió el lugar más humilde, como el que mejor se adaptaba para cumplir su propósito. De igual manera, cuando quiso enriquecernos a nosotros que estábamos en bancarrota, inteligente y misericordiosamente se vació a sí mismo de todas sus riquezas, algo que no era ni necesario ni adecuado para Él, para llevar a cabo su propósito. Haremos bien en recordar que Él era la Sabiduría y el poder de Dios, y necesariamente escogió la manera más sabia y más poderosa para lograr su propósito. Pudo haberse encarnado como un noble Romano, y supongo que sin duda por esto hubiera ganado muchos discípulos, pero, ¿qué clase de discípulos? O hubiera podido nacer en la familia de un Judío noble y rico, pero no lo hizo así, no era esa la manera de Dios.

Los creyentes de Corinto "conocían la gracia de nuestro Señor Jesucristo que por amor a ellos se hizo pobre, siendo rico, para que ellos con su pobreza fueran enriquecidos" (2 Corintios 8:9). ¿La conocemos nosotros? Si no, ¿queremos conocerla? ¿Somos imitadores de Dios si no hacemos ningún sacrificio costoso por la salvación de los hombres? El Señor quiere nuestros Isaacs, lo que más amamos, sobre el altar, no nuestros lujos. ¿Podemos presumir que somos seguidores de Cristo si no andamos en amor, tal como Cristo nos amó y se dio a sí mismo por nosotros?

Espíritu Santo, escudriña mi corazón y revela la verdad de lo que Tú encuentres en él. Si hay en mi vida algo o alguien que Tú quieres que yo ponga en el altar de la consagración a Ti, ayúdame a entregarlo ahora. Amén.

DÍA 25

Ciencia espiritual

*Ya conocen la gracia de nuestro Señor Jesucristo,
que aunque era rico, por causa de ustedes se hizo
pobre, para que mediante su pobreza ustedes
llegaran a ser ricos.*

2 CORINTIOS 8:9

Hay una ciencia natural de la cual se sirven los hombres sabios y por medio de la cual obtienen grandes resultados, de los que nuestros antepasados jamás escucharon hablar. Nuestro Dios es el Dios de la naturaleza tanto como de la gracia, y como Él actúa siempre de la mejor manera, así en circunstancias iguales actúa de manera igual. La uniformidad de su manera de actuar en la naturaleza la ven y la reconocen muchos que no conocen al gran actor. Tales personas prefieren hablar de la constancia de las leyes de la naturaleza, más

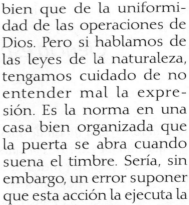

No menos constante y soberano es Él en el campo de la gracia. Su soberanía nunca es errática o arbitraria.

bien que de la uniformidad de las operaciones de Dios. Pero si hablamos de las leyes de la naturaleza, tengamos cuidado de no entender mal la expresión. Es la norma en una casa bien organizada que la puerta se abra cuando suena el timbre. Sería, sin embargo, un error suponer que esta acción la ejecuta la norma. Quien lo hace, ya sea por sí mismo o por delegación a otro, es el jefe de la casa. Jesús habló de la soberanía y de la uniformidad de las acciones de Dios cuando dijo: "¿No se venden dos gorriones por una monedita? Sin embargo, ni uno de ellos caerá a tierra sin que el Padre lo permita".

Nosotros, que conocemos a Dios y somos sus hijos, haremos bien en recordar que Él es nuestro Dios inmutable, quien hace que el agua hierva con el fuego y que el vapor en el motor desarrolle tal poder de expansión. Que es Él quien actúa de manera tan uniforme a través de la electricidad, ya sea que aprovechemos su poder en la bombilla de luz, o que sucumbamos bajo la descarga del rayo mortal. Que es también su acción uniforme la que reconocemos como la ley de la gravedad.

No menos constante y soberano es Él en el campo de la gracia. Su soberanía nunca es errática o arbitraria. Su método de acción se puede estudiar y se puede descubrir claramente en las cosas espirituales como en las naturales. Algunas de sus leyes han sido reveladas con claridad en su Palabra; otras se ejemplifican en las acciones que en ella se relatan. Y lo mejor de todo, mediante la iluminación del Espíritu Santo, Dios mismo puede ser conocido, amado y reverenciado a través del estudio de su Palabra escrita; y podemos verlo de una manera especial en el rostro de Jesucristo.

Padre celestial, así como dependemos de las leyes naturales en nuestra vida diaria, así dependemos de Ti como el inmutable Dios de la gracia. Tu soberanía ha abierto la puerta de la salvación para mí, y me regocijo porque nada puede cerrar esa puerta. Amén.

DÍA 26

Ciencia espiritual

Ya conocen la gracia de nuestro Señor Jesucristo,
que aunque era rico, por causa de ustedes se hizo
pobre, para que mediante su pobreza ustedes
llegaran a ser ricos.

2 CORINTIOS 8:9

La indispensable iluminación del Espíritu Santo nunca se le niega a quien la busca, a quien con toda sinceridad desea tenerla en los términos de Dios. Las cosas espirituales sólo se pueden discernir espiritualmente; pero quienes son espirituales no tienen mayor dificultad en aprender las leyes espirituales que la que tienen los hombres de ciencia para conocer las leyes naturales. (Entendemos por leyes espirituales la manera uniforme de actuar de Dios en circunstancias iguales, en los asuntos espirituales.) En realidad en las cosas espirituales hay menos dificultad porque ellas nos son reveladas con mayor claridad. La investigación y el estudio de las obras de Dios nos muestran sus leyes y su forma de actuar con mayor facilidad, que la observación y la investigación científica en el mundo natural. Algunos de los secretos de la naturaleza sólo los pueden conocer unos pocos privilegiados, pero todos los hijos de Dios pueden conocer los secretos de la gracia si tienen la disposición de aprenderlos y de ser obedientes, a medida que reciben enseñanza e iluminación.

Algunos de los secretos de la naturaleza sólo los pueden conocer unos pocos privilegiados, pero todos los hijos de Dios pueden conocer los secretos de la gracia.

Así como en el mundo natural existen muchos misterios que trascienden el conocimiento humano, también en el mundo espiritual hay cosas que no nos han sido reveladas todavía, y que no podremos conocer aquí y ahora. Pero de la misma manera que la ciencia utiliza lo que en el mundo natural puede ser conocido, y es conocido para obtener resultados extraordinarios: el uso de la electricidad, los motores movidos por energía y por gasolina, etc.

Así también podemos lograr resultados utilizando lo que nos es conocido y nos ha sido revelado del mundo espiritual. Diez mil caballos no podrían transportar de Londres a Glasgow en una semana lo que fácilmente se puede transportar en medio día por ferrocarril; diez mil correos no podrían transmitir las noticias de Londres a Shangai que pueden enviarse sólo en unas pocas horas por telegrafo.[1] De igual manera en los asuntos espirituales, ninguna maquinaria ni ninguna cantidad de labor realizada sin el poder espiritual logrará lo que se puede obtener fácilmente si nos ubicamos en la corriente de la voluntad de Dios y si actuamos bajo su dirección y a su manera.

Espíritu Santo, te pido que tomes hoy la verdad espiritual y la hagas real en mi vida. Que yo pueda ver claramente los secretos de la gracia. Me ubico en la corriente de Tu voluntad. Amén.

1   El autor vivió entre 1832 y 1905 y habla de los conocimientos científicos y los adelantos tecnológicos de su época. (Nota del Traductor)

DÍA 27

A su semejanza

*"Por tanto, sean perfectos, así como su
Padre celestial es perfecto."*

MATEO 5:48

Nosotros los hijos de Dios estamos destinados
a ser la sal de la tierra y la luz del mundo. No
para quebrantar el menor de los mandamientos de Dios, para dejarnos dominar por la ira,
tolerar pensamientos impuros, hacer promesas precipitadas o imprudentes, ni para hablar
perversidades jamás. No debemos cultivar el
espíritu de retaliación o venganza; un espíritu
de sumisión debe caracterizar a los hijos del
reino de Dios, y a quienes nos odian y nos tratan
con malicia debemos compadecerlos, amarlos
y orar por ellos.

En las pequeñas fricciones de la vida diaria,
tanto como en las pruebas más serias y en las

A quienes nos odian y nos tratan con malicia debemos compadecerlos, amarlos y orar por ellos.

persecuciones a las cuales está expuesto el cristiano, debe ser decididamente un imitador de su Padre celestial. Ahora bien, la perfección de Dios es una perfección absoluta, mientras que la nuestra, en su mejor expresión, es apenas relativa. Una aguja puede ser un instrumento perfecto, apto en todas sus formas para el uso para el cual se creó, pero no es un objeto microscópico; cuando se pone bajo el lente amplificador se convierte en un objeto tosco, lleno de orificios e imperfecciones. Así, pues, no somos llamados a ser ángeles o seres divinos perfectos pero si perfectos cristianos que desempeñamos con perfección las tareas privilegiadas que Dios nos ha dado.

Las cosas más pequeñas que nuestro Padre hace, las hace de acuerdo con su perfección. Si tomamos la mosca más diminuta, el insecto más pequeñito, el polvo de las alas de una mariposa, no importa cuánto aumentemos su imagen, siempre se verán absolutamente perfectos.

¿Y no deberían verse relativamente perfectas las pequeñas cosas de la vida diaria del creyente, así como las pequeñas creaciones de Dios lo son para el fin que fueron creadas? ¿No deberíamos glorificar a Dios en cada cosa que hacemos como cristianos, y no deberíamos ser y hacer más de lo que se espera de los no convertidos? ¿No debemos ser más cabales en nuestro servicio, sin limitarnos a hacer las cosas sencillamente bien, para que se vea y se note, sino como nuestro Padre celestial que hace que brote y florezca una flor en el solitario desierto, aunque no haya ojo humano que la mire? No debemos hacer todo bien para el ojo divino, aunque no haya otros ojos que tomen nota de ello?

Espíritu Santo, que tu presencia sea tan real para mí hoy que aun las cosas más pequeñas las haga con corazón perfecto y con perfecto amor por mi Padre celestial. Y si nadie nota lo que hago, yo sé que Tú lo ves todo claramente. Obra en mí la perfección que a Ti te agrada. Amén.

DÍA 28

El Príncipe de paz

Porque nos ha nacido un niño, se
nos ha concedido un hijo; la soberanía reposará sobre sus
hombros, y se le darán estos nombres: Consejero admira-
ble, Dios fuerte, Padre eterno, Príncipe de paz.

ISAÍAS 9:6

Uno de los títulos que se le dan a nuestro Señor Jesús en las profecías de Isaías es "Conse-jero Admirable", y verdaderamente Él es maravil-loso en sus consejos y excelente en sus obras. De maneras muy diferentes de las que noso-tros podríamos planear o ejecutar, Él entrena a sus hijos para su servicio y de esta manera los prepara para que puedan recibir "la herencia de los santos en luz" (Colosenses 1:12). Entonces, cuando ya están preparados para ella, cuando ya han recibido el último pulimento y se ha logrado un último toque de refinamiento,

Él se lleva a quienes prefiere utilizar para adornar el paraíso allá arriba.

Nosotros no sabemos el propósito para el cual nos está preparando, y en consecuencia no entendemos, ni podemos hacerlo, muchas de sus acciones en su relación y trato con nosotros. Pero podemos hacer lo que es mucho mejor: podemos confiar en Él. La fe triunfante, no solamente una sumisión resignada a la voluntad de Dios sino un alborozado deleite en ella, aun

La mano que empuña el cetro es una mano que fue perforada, y los hombros sobre los que reposan la autoridad y la soberanía, llevaron primero, por nosotros, la pesada cruz.

cuando la carne y la sangre crujan y se duelan, puede cantar ahora anticipando la canción que juntos cantaremos en su presencia diciendo: "Nuestro Jesús ha hecho bien todas las cosas."

En el pasaje del libro de Isaías, que ya citamos, la profecía nos dice que el gobierno estará sobre los hombros del Consejero Admirable, cuyo nombre también es el de Príncipe de Paz. Y continúa diciendo: "Se extenderán su soberanía y su paz, y no tendrán fin" (Isaías 9:7). Primero se presenta ante nosotros, con sus nombres reveladores de su naturaleza, luego vienen su gobierno y su paz que no tendrán fin. Cuán a menudo carecemos de su paz por nuestra falla en aceptarlo de todo corazón y nuestra falta de aceptación y cooperación con su gobierno.

Y sin embargo, el suyo no es un gobierno duro o severo ni arbitrario. La mano que empuña el cetro es una mano que fue perforada, y los hombros sobre los que reposan la autoridad y la soberanía, llevaron primero, por nosotros, la pesada cruz. ¿No es seguro confiar en el gobierno de Jesús cuyo amor nos redimió a tan alto costo, y nos hizo suyos al precio de su propia sangre?

Señor, Tú eres tanto admirable en tus consejos, como excelente en tus obras. Yo celebro tu reino y tu dominio como el Príncipe de Paz. Que yo aprenda a confiar más en Ti y a cooperar contigo aun cuando no comprenda tu forma de obrar. Amén.

Para esto fueron llamados

Quien, siendo por naturaleza Dios, no consideró el ser igual a Dios como algo a que aferrarse. Por el contario, se rebajó voluntariamente, tomando la naturaleza de siervo y haciéndose semejante a los seres humanos.

FILIPENSES 2:6-7

El llamamiento cristiano es para el incrédulo tan incomprensible y tan carente de atractivo como lo fue la persona y la obra de nuestro glorioso Salvador. A juicio del mundo, el Maestro no tenía la belleza o el atractivo que lo hicieran deseable. Y es posible recibir salvación y vida eterna por el sacrificio redentor de Cristo y tener una apreciación imperfecta de dicha naturaleza, los privilegios y las responsabilidades de este llamamiento. ¿Exactamente a qué hemos sido llamados? A hacer el bien, a sufrir por él, y a soportarlo con paciencia. "Un bonito llamado" se

Mientras más grandes sean las persecuciones, mayor es el poder de su testimonio.

lamenta la Incredulidad y se aleja disgustada. "Triste, pero cierto" responden muchos con un corazón acongojado. "Gracias, oh Padre –responde a una fe fuerte – porque así te agradó." (Mateo 11:26). Dios no ha cambiado desde cuando el Espíritu Santo registró la respuesta a la pregunta anotada anteriormente. El hombre no ha cambiado ni ha cambiado tampoco el gran enemigo de nuestras almas.

Ahora bien, ninguno de los procedimientos o actos de Dios son arbitrarios; todas las acciones y todas las exigencias de la perfecta sabiduría y la perfecta bondad deben, necesariamente, ser sabias y perfectas. Cuando el sufrimiento llega a nuestra vida somos llamados a enfrentarlo y sufrirlo con paciencia, y más que con paciencia, con gratitud y con alegría porque visto desde un punto de vista correcto, no hay ni fundamento ni excusa para la impaciencia; todo lo contrario, tenemos suficientes razones para una rebosante gratitud y alegría. Los cristianos de la iglesia naciente no eran ni tontos ni locos cuando asumieron gozosamente el despojo de sus bienes, complacidos de que sus nombres fueran considerados como perversos y que ellos mismos fueran tenidos por dignos de sufrir por su Señor y Maestro (Hechos 5:41).

Para que el mensaje sea comprensible a los incrédulos debe ser vivido por los seguidores de Jesús. En efecto Dios dice: "Vayan y vivan entre los inconversos como mis representantes." Sean realmente felices, y permitan que quienes los observan vean que son felices –aun en medio de cualquier cosa personal negativa y en medio del sufrimiento– para darles la oportunidad de que la gracia de Dios tenga sentido para ellos. Mientras más grandes sean las persecuciones, mayor es el poder de su testimonio. Un testimonio así jamás fue en vano.

Padre, yo deseo seguir en los pasos de tu Hijo, sin importar a dónde me lleve. Si eso implica sufrir por tu nombre, ayúdame a soportarlo con gozo. Amén.

DÍA 30

Para ganar a Cristo

*Es más, todo lo considero pérdida por
razón del imcomparable valor de conocer a Cristo Jesús,
mi Señor. Por él lo he perdido todo, y lo tengo por
estiércol, a fin de ganar a Cristo.*

FILIPENSES 3:8

¿Le concedemos nosotros suficiente atención al tema de ganar a Cristo? Es nuestro gozo y privilegio conocerlo como el indecible regalo de Dios, pero nadie sabe más de este tema que el apóstol Pablo. Pero ¿estaba él satisfecho con este conocimiento? ¿O era el ardiente deseo de su alma ganar a Cristo a cualquier costo y conocer así el poder de su resurrección y la participación de sus padecimientos? (Filipenses 3:10) Oh, que Cristo sea conocido por nosotros como una "realidad viva y brillante" y que nuestro deseo, la pasión que haga palpitar nuestro corazón, sea ganar a Cristo personalmente de la misma manera que anhelaba conocerlo el apóstol.

¿Qué queremos decir con esto de ganar a Cristo? El significado del verbo es ganar mediante el intercambio. En el caso de muchos creyentes se puede decir con verdad que Cristo ocupa un gran lugar en sus corazones, aunque quizá no puedan declarar que Cristo es el todo en todas las cosas de sus vidas y no han llegado al punto de aceptar perderlo todo por ganar a Cristo.

Oh, que Cristo sea conocido por nosotros como una "viva y brillante realidad."

¿Y cómo podemos ganar a Cristo? Rindiendo a su servicio personalmente y con agrado aquello que más valoramos, lo que nos es más querido, y aceptando de corazón cada pérdida y cada cruz que el amor del Padre ordene para nosotros.

Sabemos que Él nos quita muchas de nuestras fuentes de alegría, y sabemos que Él se revela con mayor plenitud que antes, cuando nos las quita, es decir, mediante estas privaciones. Pero es un triunfo de la fe, el cual glorifica grandemente a Dios, cuando en momentos de aflicción, el alma del creyente gozosamente acepta la forma de actuar del Señor. Cuando la carne y el corazón fallan, cuando nuestras más caras esperanzas y deseos se desvanecen y son contrariados, cuando es bastante claro para nosotros que es la voluntad divina, no la nuestra, la que se está realizando, y nuestros corazones son capaces de regocijarse en esa voluntad, entonces, ciertamente, es cuando ganamos a Cristo, ¡y qué ganancia la que ello significa!

Padre amado, quiero que la pasión número uno de mi corazón sea como la de Pablo: ganarte como el todo de mi vida. Dame los ojos de la fe para ver a tu gran Hijo Jesús obrando en mi vida. Dame la gracia para conocerlo, y el poder de su resurrección. Amén.

GEORGE MÜLLER

La Fe

George Müller

George Müller (1805 – 1898) ha sido llamado el "apóstol de la fe", y su vida y la forma como Dios trató con él se describen como "una vida de confianza en Dios." Invirtió más de setenta años de su larga vida en un esfuerzo grande y persistente por proclamar a Cristo y glorificar su nombre entre los hombres y mujeres de su generación. Ésta fue la pasión suprema que puso fuego en su corazón. Llegó a ser considerado la persona más poderosa de su época–espiritualmente hablando–. Un hombre completamente dedicado a Dios cuyo ejemplo de fe y oración permanecerá para siempre como una de las posesiones más brillantes de la iglesia en la tierra.

Aunque fue confirmado en la iglesia a la edad de catorce años, Müller creció sin un concepto real y definido de Dios. Cuando llegó a los dieciséis cayó a la cárcel por vagabundo y ladrón. A los veinte entró en contacto con un grupo de personas que se reunía regularmente para orar y estudiar la Biblia. El testimonio de estas personas lo llevó a un punto crucial en su vida. Recibió a Jesús y se hizo miembro de la familia de Dios.

En 1834 Müller formó *"The Scriptural Knowledge Institution for Home and Abroad"* (La institución del conocimiento bíblico, para el país y el exterior) para estimular la educación "con base en principios bíblicos", para la distribución de la Biblia y a su vez ayudar en la obra misionera. El ministerio más grande como resultado de este trabajo fue la cantidad de orfanatos que construyó y mantuvo en funcionamiento en Ashley Down, en Bristol, Inglaterra. Abrió el primero de ellos con capacidad para treinta niños en Abril de 1836. Desde el comienzo rehusó recibir un salario regular por su trabajo y durante el resto de su vida se negó a hacer solicitudes de ayuda financiera para él o para sus proyectos filantrópicos, aunque a veces llegó a estar sin un centavo. Müller recibió durante los siguientes sesenta y tres años casi un millón y medio de libras esterlinas en respuesta a la oración. En sus numerosos albergues infantiles llegó a tener bajo su responsabilidad el cuidado de diez mil niños.

George Müller aprendió el secreto de acercarse confiadamente al trono de Dios a recibir la provisión para todas sus necesidades. Al conocer a Dios personalmente se dio cuenta de que la insignificante provisión humana es ínfima comparada con las reservas de la gracia de Dios a las cuales él tuvo acceso por la fe. Aprendió a no atar a Dios por las limitaciones de su propia fe, y durante setenta y tres años jamás encontró el trono de Dios vacío, ni que la provisión divina se hubiera agotado. Pidió constantemente sabiendo que el Dios que escucha también puede responder.

DÍA 1

Una fe triunfante

"No temas, cree solamente."

(MARCOS 5:36 RVR)

A medida que somos capaces de confiar en Dios y afirmamos en nuestro corazón la creencia de que Él puede y está dispuesto a ayudar a todos los que confían en Jesús para salvación, y en todos los demás asuntos que son para la gloria divina y para el bienestar humano, en esa misma medida tenemos calma y paz en nuestros corazones.

Perdemos nuestra paz y estamos en problemas cuando en la *práctica* permitimos que la fe en su poder y en su amor se vaya. Recuerde que el tiempo apropiado para que la *fe* obre es cuando cesa de obrar la *vista*. Mientras más grandes sean las dificultades, más fácil se hace para la fe. Mientras subsistan ciertas expectativas de ayuda humana, la fe no actuará con la facilidad con que lo hace cuando fallan todas las perspectivas.

Mientras subsistan ciertas expectativas de ayuda humana, la fe no actuará con la facilidad con que lo hace cuando fallan todas las perspectivas.

Todos los hijos de Dios, sin importar su posición en el mundo o en la Iglesia, deben poner su confianza en Dios para todo lo relacionado con su cuerpo, su alma, sus negocios, su familia, su posición en la iglesia, su servicio a Dios, etc. Y es imposible, al hacerlo, no disfrutar de la bendición resultante. El primer resultado es la paz de Dios que guarda nuestros corazones y nuestras mentes como si fueran una guarnición militar, y el segundo es una verdadera libertad en relación con las circunstancias, los tiempos, los lugares y las personas.

La fe se remonta por encima de las circunstancias. Ni la guerra, ni el fuego, ni el agua, ni el pánico empresarial, ni la pérdida de los amigos, ni la muerte, la pueden afectar. Ella sigue firme su curso. Triunfa sobre todas las dificultades. Y en las grandes dificultades opera más facilmente. Los que confían de veras en Dios porque conocen el poder de su brazo y el amor de su corazón demostrados en la muerte y resurrección de su Hijo unigénito, reciben ayuda no importa cuán grandes sean sus pruebas y dificultades.

Padre celestial, ayúdame para que mi fe se levante hoy por encima de las circunstancias. No importa lo que venga a mi vida, confío en el poder de la resurrección de tu Hijo y lo veo sentado a tu diestra. Fortaléceme para que yo me mantenga firme en tu inmutable amor.
Amén.

DÍA 2

La fe que persevera

> *"En realidad, sin fe es imposible agradar a*
> *Dios, ya que cualquiera que se acerca a*
> *Dios tiene que creer que Él existe y que*
> *recompensa a quienes lo buscan."*
>
> HEBREOS 11:6

Lleve todas sus necesidades temporales y espirituales en oración al Señor. Llévele también las necesidades de sus parientes y amigos. Tan sólo entérelo de su petición y conocerá su capacidad y disposición para ayudarle. No se desanime si no obtiene respuestas inmediatas a sus oraciones; continúe orando con paciencia, con perseverancia y creyendo que el Señor lo escucha. Si tiene la seguridad de que lo que pide es realmente bueno para usted y por lo tanto para la gloria de Dios, y si basa su petición solamente en los méritos de nuestro Señor Jesús, tenga la misma certeza de que finalmente obtendrá la bendición solicitada. Yo mismo he tenido que esperar durante años para que Dios me responda en ciertos asuntos, pero finalmente vino la respuesta. El punto clave es que pidamos solamente lo que ha de honrar a Dios y producir gloria para Él, porque sólo eso será realmente bueno para nosotros.

Pero no es suficiente que lo que pidamos sea para la honra y gloria de Dios, sino que tenemos que pedirlo en el nombre del Señor Jesús, y esperar recibirlo solamente con base en sus méritos. También es necesario que creamos que Dios quiere darnos lo que le pedimos. Y luego debemos persistir en oración hasta recibir lo que hemos pedido, sin fijar límite en el tiempo ni en las

> *El punto clave es que pidamos solamente lo que ha de honrar a Dios y producir gloria para Él, porque sólo eso será realmente bueno para nosotros.*

cicunstancias bajo las cuales Dios debe responder. Debemos ser pacientes mientras oramos. Y mantener una actitud de expectativa hasta recibir lo deseado. Si oramos de esta manera, no sólo tendremos respuestas, sino miles de respuestas a nuestras oraciones, siendo nuestra alma renovada y fortalecida al recibir éstas.

Padre celestial, creo en Ti con todo mi corazón y toda mi alma, y te traigo mis peticiones en el nombre de Jesús. Tú eres poderoso para hacer todas las cosas mucho más abundantemente de lo que pedimos o entendemos, excediendo mi expectativa. Espero en Ti. Ayúdame a ser paciente e inamovible en mi fe. Amén.

DÍA 3

La fe creciente

*"Entonces los apóstoles le dijeron
al Señor: Auméntanos la fe."*

LUCAS 17:5

Para que nuestra fe sea *fortalecida* debemos recordar que "toda buena dádiva y todo don perfecto descienden de lo alto, donde está el Padre que creó las lumbreras celestes, y que no cambia como los astros, ni se mueve como las sombras" (Santiago 1:17). Como el incremento de la fe es una buena dádiva debe venir de Dios y por lo tanto a Él se le debe pedir esta bendición. Sin embargo, debemos utilizar los siguientes medios para lograr ese incremento de nuestra fe: la lectura cuidadosa y diligente de la Palabra de Dios, combinada con la meditación. Mediante la lectura, pero especialmente mediante la meditación de la Palabra de Dios, el

> *Mediante la lectura, pero especialmente mediante la meditación de la Palabra de Dios, el creyente se familiariza progresivamente con la naturaleza y el carácter de Dios*

creyente se familiariza progresivamente con la naturaleza y el carácter de Dios y ve que además de ser justo, Él es santo, amable, cariñoso, benévolo, misericordioso, poderoso, sabio y fiel. Por lo tanto, en los momentos de pobreza, de aflicción del cuerpo, de privación y aflicción familiar, de dificultades en el servicio cristiano, o de necesidad de vivienda o de empleo, podrá depender de la *capacidad* de Dios para ayudarle, por cuanto ha aprendido no sólo de su Palabra, que es Todopoderoso e infinitamente sabio, sino que ha visto también a través de ella las muchas ocasiones en que *realmente ejerció* ese poder y sabiduría para liberar y ayudar a sus hijos.

El creyente puede depender y descansar en la *disposición* de Dios para ayudarlo, porque las Escrituras así lo dicen y además porque ellas muestran los casos reales en los que

Dios, *demostrando* cada una de las características y atributos mencionados, socorrió y ayudó a quienes acudieron a Él. Por lo tanto, leer y meditar en las Escrituras son medios especiales para incrementar nuestra fe.

Padre bueno, no hay déficit de pruebas bíblicas de tu maravilloso carácter y de que podemos confiar en Ti. Fortalece mi ser interior mediante el poder de tu Espíritu, para que habite Cristo en mi corazón por la fe. Afírmame en tu amor y dame, Jesús de Nazaret, la capacidad de comprender la altura, la profundidad y la anchura de tu amor. Amén.

DÍA 4

Un corazón puro

*"Si en mi corazón hubiera yo
abrigado maldad, el Señor no me habría
escuchado. Pero Dios sí me ha escuchado,
ha atendido a la voz de mi plegaria."*

SALMO 66:18-19

Es de suprema importancia que procuremos
mantener un corazón recto y una buena
conciencia y, por lo tanto, no admitir consciente
y habitualmente cosas que son contrarias a la
mente de Dios. Y este, particularmente, es el
caso relacionado con el *crecimiento en la fe*. Toda
mi confianza en Dios y toda mi dependencia
en Él en la hora de la prueba desaparecerán si
tengo una conciencia culpable y no hago algo
para purificarla y si continúo haciendo cosas
contrarias a la mente de Dios. Y si en algún caso
particular no puedo confiar en Dios debido a

mi complejo de culpabilidad, entonces mi fe se debilita por esa falta de confianza. Porque lo cierto es que mi fe se incrementa en cada nueva prueba cuando confío en Dios, y se debilita en las ocasiones en que no lo hago. En consecuencia, el poder disminuye cada vez que nos limitamos a mirar a Dios sin confiar en Él, y se engendra y se alienta un hábito de autosuficiencia. O confiamos en Dios –y en tal caso rehusamos confiar en nosotros, en nuestros compañeros, en las circunstancias, o en cualquier otra cosa, o *confiamos* en uno o varios de estos medios, y en tal caso *no* confiamos en Dios.

Recuerde que cuando Dios ordena que se haga algo para la gloria de su nombre, tiene la capacidad y la disposición de buscar y encontrar los individuos y los medios que se requieren para realizarlo. Así, pues, cuando se iba a levantar el tabernáculo en el desierto, no sólo equipó a algunas personas para dicha tarea, sino

Mi fe se incrementa en cada nueva prueba cuando confío en Dios, y se debilita en las ocasiones en que no lo hago.

que tocó los corazones de los israelitas para que suministraran los materiales necesarios: oro, plata y piedras preciosas. Todos estos materiales llegaron en tal abundancia que fue necesario proclamar en el campo que se suspendía la ofrenda de estas cosas, porque ya había más que suficiente. Y en otra ocasión, cuando se iba a construir el templo de Salomón para la gloria de Dios, el Señor proveyó tal cantidad de oro, plata, piedras preciosas, hierro, bronce, etc, que todos los palacios y los templos que habían sido construídos anteriormente, eran comparativamente insignificantes.

Escudríñame, oh Dios, y conoce mi corazón; pruébame y conoce mis pensamientos de ansiedad. Mira si hay en mí alguna cosa que te ofenda y guíame por el camino eterno. Amén.

Descanse sólo en Dios

> *"Se hará con ustedes conforme a su fe."*
>
> MATEO 9:29

Si queremos que nuestra fe se incremente y se fortalezca no debemos huir de las situaciones en las cuales ella será probada, pues es mediante las pruebas como tal incremento y tal fortalecimiento tienen lugar. En nuestro estado natural no disfrutamos el trato con Dios debido a nuestro desprendimiento natural de Él y de las realidades eternas, y esta tendencia permanece en nosotros aun después de nacer de nuevo. En consecuencia, aun como creyentes tenemos, aunque en diferentes grados, el mismo retraimiento y la tendencia a evitar el trato a solas con Dios. No nos gusta depender solamente de Él pero esta es precisamente la posición a la que debemos llegar si deseamos que nuestra fe sea fortalecida. Mientras mayor sea la prueba en relación con mi cuerpo, mi familia, mi servicio para el Señor, mis negocios, etc, mayor será la oportunidad de ver la ayuda y la liberación de Dios; y cada nueva ocasión en que Él me ayuda y libera, tiende a incrementar y a fortalecer mi fe.

> *Mientras mayor sea la prueba... mayor será la oportunidad de ver la ayuda y la liberación de Dios.*

Teniendo en cuenta lo anterior, el creyente no debe sustraerse a estas situaciones, posiciones o circunstancias en las que su fe sea puesta a prueba. Por el contrario debe darles la bienvenida como oportunidades en las cuales puede ver la mano de Dios obrando a su favor para librarlo y ayudarlo, y en las que, por lo tanto, puede fortalecer su fe.

Ponga su fe solamente *en Dios*, no *en el hombre*, *las circunstancias*, ni *en ninguno de sus propios esfuerzos*; confíe de veras en Dios, y recibirá su ayuda cualquiera que sea su necesidad. Pero debe renunciar a confiar en las circunstancias, en las expectativas naturales, en personas que le

ayudaron anteriormente, *y confíe solamente en Dios.*
Sólo esta forma de actuar le traerá la bendición.
Si *decimos* que confiamos en Él pero en realidad
no es así, Dios aceptará nuestra palabra pero
nos hará ver la realidad de nuestra falta de
confianza, y entonces, vendrá el fracaso. Por otro
lado si nuestra confianza en el Señor es real, es
seguro que la ayuda vendrá.

Padre bueno, mi tendencia natural es huir de las
pruebas y las dificultades. Con mi boca declaro mi
fe en Ti pero con mi corazón me he mostrado infiel.
Ayúdame hoy a permanecer firme en mi confianza en
Ti, no importa lo que venga a mi vida. Hago mías las
promesas de tu Palabra y recibo fuerzas descansando
solamente en Ti. Amén.

DÍA 6

La hora de la prueba

> *"El oro, aunque perecedero, se acrisola*
> *al fuego. Así también la fe de ustedes, que vale*
> *mucho más que el oro, al ser acrisolada por las prue-*
> *bas demostrará que es digna de aprobación, gloria y*
> *honor cuando Jesucristo se revele.*

1 PEDRO 1:7

Un punto importante en el fortalecimiento de nuestra fe es que le permitamos a Dios obrar en nuestro lugar cuando venga la hora de la prueba, y no buscar liberación de la misma por nuestros medios. Donde Dios ha dado fe, entre otras razones es con el propósito de que ésta sea probada. Sea fuerte o débil nuestra fe, Dios la probará. Dese cuenta que Él nos guía con delicadeza, en forma gradual y paciente, y así mismo lo hará en relación con la prueba de nuestra fe. Al comienzo la prueba será pequeña en comparación con lo que vendrá después, porque el Señor no nos pone cargas más pesadas de las que Él mismo está dispuesto a ayudarnos a llevar. Ahora bien, cuando la hora de la prueba llega, por naturaleza estamos inclinados a desconfiar de Dios y a confiar más bien en nosotros, en nuestros amigos o en las circunstancias. Intentamos una autoliberación propia, de un modo u otro, en vez de mirar simplemente al Señor y esperar su ayuda.

Pero si no esperamos pacientemente la ayuda de Dios, si realizamos una autoliberación estaremos inclinados a hacer lo mismo en la siguiente prueba. Y cada vez nuestra fe decaerá. Pero si por el contrario permanecemos firmes para ver la salvación del Señor y su mano obrando a nuestro favor, confiando solamente en Él, aumentará nuestra fe. Cada prueba nueva en la que confiamos en Dios para

Pero si no esperamos pacientemente la ayuda de Dios, si realizamos una liberación propia, en la siguiente prueba estaremos inclinados a hacer lo mismo.

nuestra liberación, nuestra fe resultará fortalecida más y más. Si un creyente desea que su fe
se fotalezca debe darle tiempo al Señor, quien
prueba la fe de sus hijos para demostrarles, en
última instancia, cuán deseoso está de ayudar-
los y librarlos en el momento en que considere
más conveniente.

Poderoso Dios, yo sé que hay una hora de prueba que
vendrá para todo el mundo para probar a quienes viven
en la tierra y que hay pruebas que me esperan antes de
ese día. Estaré firme en mi posición contigo hoy. Venceré
mediante tu divino poder que me guarda en el centro de
tu mano. Amén.

DÍA 7

Tesoros espirituales

*"Porque donde esté tu tesoro,
allí estará también tu corazón."*

MATEO 6:21

Los tesoros que se acumulan en la tierra son causa de muchas preocupaciones; los que se acumulan en el cielo no causan ninguna. Los tesoros terrenales jamás pueden producir gozo y alegría espiritual; los tesoros celestiales producen paz y gozo en el Espíritu Santo. Los tesoros terrenales no traen comodidad duradera, cuando nuestra vida termina, ellos lo hacen también. Los tesoros celestiales producen en nosotros acciones de gracias a Dios, por permitirnos ser tomados por dignos de servir al Señor con los medios que a Él le ha placido confiarnos como administradores, y cuando vayamos al cielo, los encontraremos allí.

Con frecuencia escuchamos decir cuando muere alguna persona, que tenía muchas riquezas. Sin embargo, puede ocurrir que poseía muchos millones pero ante los ojos de Dios era pobre por cuanto *no era rica en Dios.* El caso contrario también es cierto: Un hombre que muere en Jesús dejando muy poco dinero en este mundo, pero es poseedor, a la vista de Dios, de un vasto tesoro en el cielo.

> *¿Anhela su alma ser rica en Dios y acumular tesoros en el cielo?*

¿Anhela su alma ser rica en Dios y acumular tesoros en el cielo? "El mundo se acaba con sus malos deseos, pero el que hace la voluntad de Dios permanece para siempre" (1 Juan 2:17). Sin embargo, pronto nos será quitada nuestra mayordomía. En el tiempo presente tenemos la oportunidad de servir al Señor con talentos, tiempo, dones y posesiones, no obstante esta oportunidad terminará. Y qué pronto podría terminar. Quizá antes de que usted lea estas líneas yo habré dormido en Jesús, y mañana tal vez lo haga usted.

Por lo tanto sirvamos al Señor mientras tenemos la oportunidad.

*Señor Jesús, sé que viene el día cuando tendré que partir
de esta vida. Mi deseo hoy es que yo pueda pelear la
buena batalla de la fe, terminar la carrera que tengo por
delante, y guardar intacta mi fe en Ti. Que mi tesoro
sea la corona de justicia que Tú darás a quienes han
deseado tu venida. Amén.*

DÍA 8

Tesoros terrenales

*"No acumulen para sí tesoros en la tierra,
donde la polilla y el óxido destruyen,
y donde los ladrones se meten a robar.
Más bien, acumulen para sí tesoros
en el cielo, donde ni la polilla ni el óxido
carcomen, ni los ladrones se meten a robar."*

MATEO 6:19-20

Es el mismo Señor Jesús quien habla estas palabras como el dador de los mandamientos de su pueblo. Él, cuya sabiduría es infinita y cuyo amor por nosotros es insondable; quien conoce lo que es realmente bueno y conveniente para nuestro bienestar y felicidad, y que nunca nos pide algo que no sea consistente con ese amor que lo llevó a dar su vida por nosotros. Recuerde quién está hablándonos en estos versículos. Su consejo, su ruego cariñoso y su mandamiento es que sus discípulos, que son extranjeros y peregrinos en la tierra, no deben acumular tesoros mientras vivan en ella. Todo lo que es de la tierra o está relacionado de alguna forma con ella, está sujeto a la corrupción, al cambio, y a la disolución. Sólo las cosas celestiales son reales. Dentro de poco tiempo vendrán a pedirle su alma, y ¿qué provecho tendrá si sólo se ha dedicado a acumular pose-siones materiales? Si hubiera siquiera una pizca de beneficio en obrar así, si alguna ganancia

Si las posesiones terrenales pudieran aumentar, aunque fuera en ínfimo grado, nuestra paz y gozo en el Espíritu Santo, Jesús nos hubierado mandado atesorarlas.

se derivara de ello, el Señor, que demostró su amor por nosotros, ¿no hubiera deseado que tuviéramos esas posesiones? Si las posesiones terrenales pudieran aumentar, aunque fuera en ínfimo grado, nuestra paz y gozo en el Espíritu Santo, Jesús nos hubiera mandado atesorarlas.

Sin embargo, nuestro Señor no se limitó a decirnos que *no* hiciéramos tesoros en la tierra, porque si hubiera sido así, su mandamiento hubiera sido motivo de abuso, y algunas personas se sentirían estimuladas por él para justificar sus hábitos extravagantes, su amor por el placer, para gastar todo lo que tienen, en sí mismos. Nuestro Señor añade que debemos hacer tesoros en el cielo. Existe la posibilidad de hacer tesoros en el cielo, así como se hacen en la tierra. Así como una persona puede depositar una cantidad tras otra en el banco, así mismo podemos dar nuestro dinero y nuestras vidas para invertirlo en la obra de Dios. Y el Señor toma nota en su libro de memorias; Él los considera depósitos celestiales. Lo que damos a Dios no es algo que perdemos, es nuestro depósito en el banco celestial en donde permanece seguro por la eternidad.

Señor Jesús, yo creo que Tú nunca olvidas el trabajo, el amor y todo lo que damos a otros durante el transcurso de nuestra vida. Ayúdame a ver lo que es realmente eterno, lo que es digno de consagrarle mi vida y mis recursos financieros. Ayúdame a ver más allá de este mundo. Amén.

El reino de Dios

*"Más bien, busquen primeramente el
reino de Dios y su justicia, y todas
estas cosas les serán añadidas."*

MATEO 6:33

Cuando nuestro Señor Jesús mandó a sus
discípulos a librarse de las preocupaciones
de la vida, señaló a las aves del cielo y los
lirios del campo como ejemplo del cuidado y
la provisión de Dios. Agregó que no debemos
estar ansiosos por las cosas materiales: comida,
vestido, etc. que los gentiles buscan afanosa-
mente, pero nuestro Padre celestial sabe que
las necesitamos.

La enseñanza particular de Jesús aquí es
que nosotros, los hijos de Dios, debemos ser
diferentes de las demás personas sobre la
tierra, aquellas que no tienen un padre en los

cielos y por lo tanto le conceden demasiada importancia a lo que comen, beben o visten. Como en todos los demás aspectos, nosotros los hijos de Dios debemos actuar de manera diferente y demostrarle al mundo que creemos en un Padre en los cielos y que Él conoce todas nuestras necesidades. El hecho de que nuestro Padre Todopoderoso, quien está lleno de amor por sus hijos, sabe las cosas que necesitamos, debe alejar toda ansiedad de nuestra mente.

Nuestra gran tarea es buscar el reino de Dios.

Nuestra gran tarea es buscar el reino de Dios. Si procuramos ganar almas para el Señor Jesús, de acuerdo con nuestra capacidad y según la oportunidad que el Señor nos concede, a mi parecer esto es buscar la *prosperidad externa* del reino de Dios. Si como miembros del cuerpo de Cristo procuramos el bien de nuestros compañeros en el cuerpo, ayudándolos en gracia y en verdad, o interesándonos de alguna manera en su edificación, eso será buscar la *prosperidad interna* del reino de Dios. Y si buscamos su justicia, eso quiere decir que procuramos ser más y más como el Señor y nos ajustamos, interiormente a la mente de Dios.

¿Honrar el nombre del Señor, el bienestar de su iglesia, la conversión de los pecadores y el beneficio de su propia alma son su principal objetivo en la vida ? ¿sus negocios, su familia, o sus propios intereses temporales ocupan *primordialmente* su atención? Recuerde que el mundo y lo suyo pasa, pero las cosas e intereses de Dios son eternos.

Padre bueno, he desperdiciado gran parte de mi vida luchando por alcanzar y preocupándome por las cosas de este mundo. Hoy busco tu reino. Haz una obra permanente en mi vida para que yo viva de tal manera que haga bien a tu reino para siempre. Amén.

DÍA 10

Independencia santa

"Y esta es la vida eterna: que te conozcan a ti, el único Dios verdadero, y a Jesucristo, a quien Tú has enviado."

JUAN 17:3

Es una bendición que no se puede expresar con palabras el hecho de conocer realmente a Dios, de disfrutar su amistad, de poder hablar con Él de todas las cosas y entregarle todo lo que a uno le causa ansiedad y preocupación. Yo he disfrutado esta bendición durante cuarenta y cuatro años y me es imposible describir el gozo y la alegría de esta santa independencia de las circunstancias, de los hechos políticos, de las dificultades en los negocios, de los amigos, de la muerte, etc, porque en la medida en que aprendemos a depender de Dios, podemos tener todas las cosas que necesitamos. Y todos los hijos de Dios pueden disfrutar de esta independencia santa y bendita. No es el privilegio de unos pocos favoritos, sino de todos; sin ninguna excepción los que han sido reconciliados con Dios por la fe en el Señor Jesús y confían solamente en Él para su salvación.

Sin embargo, para disfrutar este feliz compañerismo y esta amistad práctica con Dios y su querido Hijo, debemos caminar con rectitud. Tenemos que llevar con nosotros la luz que recibimos de la Palabra de Dios; debemos practicar la verdad que ya conocemos. Puede que erremos y fracasemos, pero tenemos

En la medida en que aprendemos a depender de Dios, podemos tener todas las cosas que necesitamos.

que ser honestos y rectos y no vivir en pecado. No podemos seguir un curso que sabemos que es contario a los pensamientos y deseos de Dios. Si este último es nuestro caso, no podemos disfrutar del compañerismo con el Señor, ni estamos en capacidad de confiar en Él como nuestro amigo, y esto será el obstáculo más grande para que nuestras oraciones sean contestadas, pues dice su Palabra: "Si en mi corazón hubiera yo abrigado maldad, el Señor no me habría escuchado" (Salmo 66:18).No todos los creyentes en el Señor Jesús son llamados a establecer orfanatos, hogares o escuelas para los niños pobres, y a confiar en Él para sostenerlos. Pero, según la voluntad de Dios, todo cristiano puede y debe echar todo su cuidado sobre el Señor quien cuida de su vida y no necesita estar ansioso o preocupado por nada más, tal como lo vemos en las Escrituras (1 Pedro 5:7; Filipenses 4:6; Mateo 6:25-34).

Me regocijo siempre en Ti, mi Señor y mi Dios. Hoy quiero presentar mis peticiones a Ti en toda oración y ruego con acción de gracias. Guarda mi mente y mi corazón con tu paz en Cristo Jesús. Que tu paz esté siempre conmigo. Amén.

DÍA 11

Trabajo y oración

"Jesús les contó a sus discípulos una parábola para mostrarles que debían orar siempre, sin desanimarse."

LUCAS 18:1

No es suficiente que el creyente comience a orar, que ore de la manera correcta, o que continúe orando *por cierto tiempo*. Es indispensable que continuemos en oración paciente, creyendo que recibiremos, hasta obtener una respuesta. Además, no sólo debemos *continuar* orando hasta el final, sino también creer que Dios nos escucha y responde nuestra oración. La mayoría de las veces fallamos *en no continuar* orando hasta lograr la respuesta, y *en no esperar* la bendición.

Todos los discípulos del Señor Jesús deben trabajar en la obra de Dios con todas sus fuerzas como si todo dependiera de sus propios esfuerzos. Y al hacerlo, no deben confiar en lo más mínimo en su trabajo, en sus esfuerzos, ni en los medios que utilizan para la difusión de la verdad, sino en Dios solamente. Y con todo fervor deben buscar la bendición de Dios en oración paciente, perseverante y creyente.

La mayoría de las veces fallamos en no continuar orando hasta lograr la respuesta, y en no esperar la bendición.

Este es el gran secreto del éxito, mi querido hermano y hermana. Trabaje con todas sus fuerzas, pero jamás ponga la confianza en su trabajo. Ore con todo fervor pidiendo la bendición de Dios, pero trabaje al mismo tiempo con toda diligencia, paciencia y perseverancia. Entonces, ore y trabaje. Trabaje y ore. Y otra vez ore; y trabaje otra vez, y haga de ello un hábito todos los días de su vida. Con toda seguridad el resultado será una   bendición abundante. Ya sea que vea mucho o poco fruto, tal clase de servicio será bendecido.

Señor Jesús, te pido tu bendición en todo lo que haga hoy. Te serviré con todo mi corazón, pero sé cuán insensato es que confíe en mis propios esfuerzos. Si tu Espíritu Santo no infunde vida a este trabajo, será vano e infructuoso. Dale tu aliento, Espíritu de Dios, y que Jesús sea exaltado hoy para que otros puedan verlo.
Amén.

DÍA 12

La realidad del corazón

*"El amor debe ser sincero. Aborrezcan el mal;
aférrense al bien. Ámense los unos a los otros con
amor fraternal, respetándose y honrándose mutua-
mente. Nunca dejen de ser diligentes; antes bien,
sirvan al Señor con el fervor que da el Espíritu.
Alégrense en la esperanza, muestren paciencia en el
sufrimiento, perseveren en la oración."*

ROMANOS 12:9-12

Nadie conoció jamás a Dios sin poner en
práctica un poco de fe en Él. Cuando no se
conoce a Dios es cuando vienen las dificultades.
El punto crucial, por lo tanto, es familiarizarnos
con Él, conocerlo de manera personal, tal como
se ha revelado en las Escrituras.

Nuestra fe bendita no consiste en *palabras*.
Queremos tener la experiencia de una "realidad"
espiritual. *Obremos de corazón*; seamos auténticos

y genuinos. Debemos amar
de una manera tal que en la
iglesia y en el mundo extra-
ñen nuestra presencia cuando ya no estemos con ellos.
¡Ah, cómo pasa de rápido el
tiempo! Debemos vivir de tal
modo que cuando partamos
a la eternidad, nuestros queridos hermanos y hermanas
sientan nuestra partida y de
lo profundo de sus almas
exclamen: "Oh, cuánto da-
ríamos porque tal hermano
o hermana estuviera con
nosotros otra vez!" Que se note y se sienta
nuestra ausencia aun en el mundo. Que la gente
mundana diga: "Si hubo alguna vez un cristiano,
ese fue él, o ella."

*El Dios vivo
está con
nosotros, el
Dios cuyo poder
nunca falla,
cuyo brazo
jamás se cansa,
cuya sabiduría
es infinita y
cuyo poder es
inmutable.*

El Dios vivo está con nosotros, el Dios cuyo
poder nunca falla, cuyo brazo jamás se cansa,
cuya sabiduría es infinita y cuyo poder inmutable. Por lo tanto, hoy, mañana, el próximo mes,
y mientras estemos con vida, Él será nuestro
amigo y nuestra ayuda. Tal como Él ha sido a

través de los tiempos, seguirá siendo por toda la eternidad.

Padre celestial, quiero autenticidad en mi vida espiritual. El único deseo de mi corazón es conocerte tal como eres, para adorarte y amarte solamente a Ti. Las palabras pueden brotar con facilidad, pero Tú conoces mi corazón. Ayúdame a vivir mi vida de tal manera que el mundo sea diferente porque yo estuve aquí. Tu brazo no se ha cansado, Señor. Toca mi espíritu hoy y hazme un instrumento de tu paz. Amén.

DÍA 13

Amor y oración

"Pidan, y se les dará; busquen, y encontrarán; llamen, y se les abrirá. Porque todo el que pide, recibe; el que busca, encuentra; y al que llama se le abre."

MATEO 7:7-8

Nuestro Padre celestial ama a todos sus hijos con infinito amor. O sea que Él ama aun al más débil de sus hijos con el mismo amor con que ama a su Hijo unigénito. Por causa de este infinito amor y conociendo de antemano cuán variadas e innumerables serían las pruebas, dificultades, aflicciones y tentaciones de sus hijos mientras pasan por este valle de lágrimas, Dios en su gracia hizo abundante provisión para ellos y les dio preciosas y alentadoras promesas relacionadas con la oración. Si le llevaran estas pruebas y dificultades a su Padre celestial, y procuraran su fuerza, su consejo y su guía; si actuaran según ese consejo amoroso dado en las Escrituras: "Depositen en Él toda ansiedad, porque Él cuida de ustedes" (1 Pedro 5:7), la posición de la mayoría de los creyentes sería muy diferente de lo que es.

El Padre ama a sus hijos con el mismo amor con que ama a su Hijo unigénito.

Digámoslo otra vez: Nuestro precioso Señor Jesucristo nos ama con el mismo amor con el cual lo ama el Padre. ¿Lo creemos? A muchos les parecerá extraña la afirmación de que el Padre celestial ama a sus hijos con el mismo amor con que ama a su Hijo unigénito, y que el Señor Jesús ama con ese mismo amor, aun al más endeble y débil de todos sus hijos. No obstante, esta afirmación suya está clara en Juan 15:9 y 17:23. Nuestro precioso Señor Jesús, quien nos ama con tal amor, soportó las mismas pruebas, dificultades y tentaciones que sufrimos nosotros mientras estuvo en este mundo. Él fue menospreciado y despreciado; el bendito Hijo de Dios no tuvo dónde reclinar su cabeza, y mientras caminó en esta tierra fue tentado en todo, como nosotros, pero sin pecado.

Conociendo la posición de sus discípulos en este mundo, les dio la preciosa promesa de que Él llevaría sus cargas y lo tendrían a la mano, siempre listo para ayudarles en tiempos de dolor, debilidad y aflicción, y en toda clase de situaciones y circunstancias que enfrentaron mientras estuvieran en el cuerpo.

Señor Jesús, Tú dijiste que me amas como el Padre te ama a Ti. A veces se me hace difícil imaginar tal cosa, pero hoy deseo permanecer en tu amor. Te agradezco tu respuesta a cada una de mis oraciones, y ahora vengo de nuevo a Ti. Amén.

DÍA 14

Iluminación espiritual

"Nosotros no hemos recibido el espíritu del mundo sino el Espíritu que procede de Dios, para que entendamos lo que por su gracia Él nos ha concedido."

1 CORINTIOS 2:12

¿Cuál es la mejor manera o el mejor método para leer y meditar en las Escrituras? –preguntará alguien. En primer lugar, para familiarizarse mejor con ellas es absolutamente necesario que las lea regularmente. Que lea toda la Biblia y no como hacen algunos que la abren al azar y leen en cualquier parte. Si la abren en el Salmo 103, lo leen, o en Juan 14, o en Romanos 8; ellos leen cualquier porción de la Escritura. Déjeme decirle con cariño que para un hijo de Dios esa es una forma incorrecta de tratar el libro de su Padre; es incorrecto para el discípulo del Señor Jesús tratar así a su bendito

Maestro. Permítanme animar a quienes todavía no lo han hecho, a leer el Antiguo Testamento desde el principio, y el Nuevo Testamento de igual manera. Leyéndolos al tiempo llevando un control de lo que se lee diariamente y del avance en la lectura. ¿Por qué es importante hacerlo? Existe un propósito especial en la forma como están ordenadas las Sagradas Escrituras. Comienzan con la creación del mundo y terminan con su fin. Así como lee una biografía o un libro de historia, comenzando por el principio hasta llegar a su fin, así debe leer la revelación de la voluntad de Dios, y

Acérquese una y otra vez al Señor y Él lo guiará paso a paso y lo instruirá en el conocimiento de su voluntad.

cuando llegue al final, comience de nuevo, y así sucesivamente. Pero esto no es todo. Hay algo más que es necesario. Cuando usted se acerca a este libro bendito, el punto clave es hacerlo con una profunda conciencia de su ignorancia, buscando de rodillas la ayuda de Dios para que lo instruya mediante su Espíritu. Si no entiende algunas porciones, no se desanime; acérquese una y otra vez al Señor y Él lo guiará paso a paso y lo instruirá en el conocimiento de su voluntad. Y con un creciente conocimiento de Dios logrado humildemente obtenido mediante la oración, usted recibirá algo que no solamente llene su cabeza sino también su corazón, algo que anime, consuele y fortalezca su ser interior.

Glorioso Padre, dame el espíritu de sabiduría y revelación para que yo pueda conocerte mejor. Que los ojos de mi entendimiento sean iluminados para que yo sepa la esperanza a la cual me has llamado, para que conozca las riquezas de tu gloriosa herencia en los santos, y tu incomparable y gran poder para nosotros los que creemos. Amén.

DÍA 15

Un registro de la oración

*"Así dice aquel cuyo nombre es el Señor, el que
hizo la tierra, y la formó y la estableció con firmeza:
Clama a mí y te responderé, y te daré a conocer
cosas grandes y ocultas que tú no sabes"*

JEREMÍAS 33:2-3

He descubierto que es una gran bendición
atesorar en mi memoria las respuestas
que Dios misericordiosamente concede a mis
oraciones. Y siempre conservo un registro
escrito para ayudar a mi memoria. Yo recomiendo tener una pequeña libreta de notas
para tal fin. En un lado de la hoja; digamos en
el lado izquierdo escriba la petición y la fecha
cuando comenzó a orar por ella. Conserve
el lado opuesto en blanco para anotar la
respuesta en cada caso. Se dará cuenta de
las muchas respuestas que obtiene y de esta

manera se animará más cada día, y su fe se fortalecerá. Verá cuan amoroso, generoso y misericordioso es el Señor; su corazón se enamorará cada vez más de él, y dirá: "Es mi Padre celestial que ha sido tan bueno conmigo. Confiaré en Él para siempre."

Se dará cuenta de las muchas respuestas que obtiene y de esta manera se animará más cada día, y su fe se fortalecerá.

He aquí, mi querido hermano y hermana, la bondad del Señor. Y he aquí también la recompensa de que tarde o temprano da a sus hijos que esperan y confían en Él. Muchas veces puede parecer que esperar y confiar en Dios es en vano. Pero en su tiempo; no en el nuestro, demostrará con pruebas abundantes que la confianza en Él produce resultados. Continúe llevando sus peticiones ante el Señor, y al mismo tiempo esté atento y espere la ayuda que le enviará. Cuando usted cree que Dios escucha sus oraciones y las contesta, y espera hasta que llegue la respuesta, está dándole gloria y honra. Hágalo y de seguro la respuesta vendrá.

*¿Quién entre los dioses es como Tú, oh Señor? ¿Quién
como Tú, majestuoso en tu santidad, asombroso en tu
gloria, hacedor de prodigios? Extiende tu mano y responde nuestras oraciones. En tu infalible amor
guiarás a quienes has redimido.
Reinarás por la eternidad. Amén.*

DÍA 16

Nutrición espiritual

Me regocijo en el camino de tus estatutos más que en todas las riquezas. En tus preceptos medito, y pongo mis ojos en tus sendas. En tus decretos hallo mi deleite, y jamás olvidaré tu palabra.

SALMO 119: 14-16

He convertido en hábito comenzar cada día leyendo y meditando la Palabra de Dios. Y hallo que invariablemente el resultado es que muy pronto mi alma ha sido llevada a hacer confesión, o a dar gracias, o a interceder o a suplicar. Y así, aunque no haya tenido la intención de *orar* sino de *meditar*, mi meditación se convierte casi inmediatamente en oración. Luego, después de que he confesado, intercedido o suplicado, o he dado gracias, por un cierto tiempo, continúo con la frase o el versículo siguiente, volcando todo mi

conocimiento en oración por mí mismo y por otros, a medida que la Palabra me guía a hacerlo, pero manteniendo siempre en mente el hecho de que el objeto de mi meditación es alimentar mi propia alma.

El resultado de lo anterior es que siempre hay en mi devoción una buena canti- dad de confesión, de acción de gracias, de súplica o de intercesión, mezclada en mi meditación; que mi ser interior casi siempre y en forma consciente es nutrido y fortalecido, y que para el momento de mi desayuno, con muy raras excepciones, mi corazón disfruta de un estado de paz, y de felicidad.

Y así, aunque no haya tenido la intención de orar sino de meditar, mi meditación se convierte casi inmediatamente en oración.

Este también ha sido un medio por el cual Dios se ha complacido en comunicarme lo que tarde o temprano se convierte en alimento para otros creyentes, aunque mi meditación no hubiera sido para beneficio del ministerio público de la Palabra, sino para beneficiar mi

ser interior. Me apego particularmente a esta
práctica por el inmenso beneficio y la reno-
vación espiritual que, estoy consciente, derivo
de ella. Y con la mayor solemnidad y el mayor
cariño, les suplico a mis hermanos y hermanas
en la fe, que reflexionen sobre este asunto.

Padre celestial, abre mis ojos para que vea las maravi-
llas de tu ley. Mi alma anhela fervientemente el alimen-
to de tu Palabra. Hazme entender tus enseñanzas y tus
estatutos, entonces meditaré en tus maravillas. Amén.

DÍA 17

Prioridades espirituales

*"Jesús le respondió: Escrito está:
No sólo de pan vive el hombre, sino
de toda palabra que sale de la boca de Dios."*

MATEO 4: 4

El asunto básico y el primero que debo atender cada día es que mi alma esté en comunión con el Señor. La primera cosa de la cual debo preocuparme no es cuánto puedo servir al Señor, ni cómo voy a glorificarlo, sino cómo mantengo mi alma en un estado de relación y comunión con Dios y cómo nutrir mi ser interior. Porque puedo comunicarles la verdad a los incrédulos, puedo procurar el bienestar y la edificación de los creyentes, tratar de ayudar a los pobres, y conducirme en este mundo de otras maneras como un hijo de Dios ejemplar, y aún así no tener felicidad en el Señor ni estar nutrido y fortalecido en mi ser interior día por día, y no conservar el espíritu correcto para realizar todas estas acciones.

> *Ahora me doy cuenta que la cosa más importante que debo hacer es leer la Palabra de Dios y meditar en ella*

En años pasados yo acostumbraba entregarme a la oración todas las mañanas después de vestirme. Ahora me doy cuenta que la cosa más importante que debo hacer es leer la Palabra de Dios y meditar en ella para que mi corazón sea consolado, animado, exhortado, reprendido e instruído y llevado a una experiencia de comunión con el Señor. Entonces cambié mi costumbre y comencé, a meditar el Nuevo Testamento, al levantarme temprano cada mañana. Después de pedirle a Dios en una corta oración su bendición para mi vida a través de su preciosa Palabra, comienzo mi meditación en ella, procurando obtener una bendición de cada versículo, no para ministrarla públicamente, no para predicarla a otros, sino para el bien y el beneficio espiritual de mi propia alma.

Espíritu Santo, llena mi mente y mi corazón con tus pensamientos a medida que medito en tu Palabra. Fortalece mi hombre interior, ilumina mi alma para que pueda ver y conocer la verdad en todo su poder. Vivifica estas preciosas palabras dentro de mí, y haz que mi alma sea bendecida y llena de gozo. Amén.

DÍA 18

La verdadera adoración

"Por lo tanto, hermanos, tomando en cuenta la misericordia de Dios, les ruego que cada uno de ustedes, en adoración espiritual, ofrezca su cuerpo como sacrificio vivo, santo y agradable a Dios."

ROMANOS 12:1

No todos los cristianos miran las pruebas, las aflicciones, las pérdidas, el dolor, la enfermedad y las privaciones como algo que Dios permite para su bien, y no obstante, invariablemente estas dificultades tienen como propósito el bien del creyente. Continuamente debemos procurar reconocer cuando la mano de Dios está obrando en nosotros, y creer que el Señor siempre quiere nuestro beneficio. Dios así lo afirma enfáticamente en su Palabra: "Ahora bien, sabemos que Dios dispone todas las cosas para el bien de quienes lo aman, los

que han sido llamados de
acuerdo con su propósito"
(Romanos 8:28)

Mi especial consejo para
mis compañeros creyentes
en el Señor Jesús es que
busquen entrar cada día en la
gracia y el amor de Dios; ese
amor que lo llevó a dar a su
Hijo unigénito por nosotros,
y en la gracia y el amor del
Señor Jesús; amor que lo
llevó a tomar nuestro lugar;
para que constreñidos por
amor y gratitud sean guiados
progresivamente a rendir
al Señor su fuerza física y
mental, su tiempo, dones,

*Busquen entrar
cada día en
la gracia y el
amor de Dios;
ese amor que lo
llevó a dar a Su
Hijo unigénito
por nosotros, y
en la gracia y el
amor del Señor
Jesús; amor
que lo llevó a
tomar nuestro
lugar.*

talentos, posesiones, posición en la vida, su
rango y todo lo que son y tienen en la vida. Con
esto no quiero decir que deben abandonar sus
negocios, empleos o profesiones, y convertirse en predicadores; ni que deben tomar su
dinero y darlo al primer mendigo que se los
pida, sino que deben considerar propiedad del

Señor todo lo que tienen, y verse a sí mismos no como propietarios sino como administradores, y estar dispuestos a usar parte de lo que tienen para el Señor cuando Él lo requiera. Aunque el creyente falle en este punto, esto y nada menos es lo que el Señor espera de él.

Señor Jesús, es difícil poner a tus pies todo lo que tenemos en nuestra vida. Es difícil creer que Tú estás obrando en todas nuestras circunstancias para moldear nuestras vidas y formar tu imagen en nuestro corazón. Abre mis ojos para ver lo que Tú has hecho para mí; quebranta mi corazón para que yo pueda entregártelo. Amén.

Dirección espiritual

"La senda de los justos se asemeja a los primeros albo-
res de la aurora; su esplendor va en aumento hasta que
el día alcanza su plenitud. Pero el
camino de los malvados es como la más densa oscuri-
dad; ¡ni siquiera saben con qué tropiezan!"

PROVERBIOS 4:18-19

Para conocer la voluntad del Señor debemos usar medios bíblicos. La oración, la Palabra de Dios y su Espíritu Santo deben obrar unidos. Debemos acercarnos al Señor en oración repetidamente y pedirle que nos enseñe por su Espíritu y a través de su Palabra. Y digo 'por su Espíritu y a través de Su Palabra' porque si pensamos que el Espíritu nos está guiando a hacer esto o aquello, porque ciertos hechos y circunstancias son de tal y tal manera, pero el paso que vamos a dar no concuerda con su Palabra, probablemente nos estamos engañando. El Señor no me encargará ningún asunto ni me pondrá en ninguna situación en donde no tenga suficiente tiempo para cuidar de mi alma. Las circunstancias de mi vida, no importa cuáles sean, se deben considerar como permitidas por Dios para probar lo genuino de mi amor, mi fe y mi obediencia, y de ninguna manera como que El Señor esté induciéndonos a algo contrario a su voluntad revelada.

> *El Señor no me encargará ningún asunto ni me pondrá en ninguna situación en donde no tenga suficiente tiempo para cuidar de mi alma.*

En todas las circunstancias de mi vida la oración y la fe, los remedios universales para cualquier necesidad para todas las dificultades, y el alimento de la oración y la fe mediante la santa Palabra de Dios, me han ayudado en todas las circunstancias de mi vida. No recuerdo de un momento, en mis sesenta y nueve años de vida, en el cual haya procurado, con *sinceridad* y *paciencia,* conocer la voluntad de Dios mediante *la enseñanza de* su *Espíritu a través de su Palabra*, y que no lo haya logrado. *Siempre* he recibido la dirección correcta. Pero cuando no tuve la *sinceridad de corazón* y la *rectitud delante de Dios*, o no esperé con paciencia la dirección y la guía del Señor, o cuando preferí *el consejo de mis compañeros* a las declaraciones de la *Palabra viva de Dios*, cometí grandes errores.

Padre celestial, quiero oír lo que Tú me dices. Quiero oír tus palabras con mucha atención. No las perderé de vista y las guardaré en mi corazón porque ellas son vida para mí, y salud para todo mi cuerpo. Guardo mi corazón mediante la fe y la oración. Guíame en tus caminos. Amén.

Viva en la voluntad de Dios

> *"Así que tengan cuidado de su manera de vivir. No vivan como necios sino como sabios, aprovechando al máximo cada momento oportuno, porque los días son malos. Por tanto, no sean insensatos, sino entiendan cuál es la voluntad del Señor."*

EFESIOS 5:15-17

Cuan importante es descubrir la voluntad de Dios antes de empezar cualquier cosa, porque al hacerlo, no solamente nuestras almas serán bendecidas, sino que la obra de nuestras manos prosperará. En todas las cosas en que actuemos de acuerdo con la mente de Dios, tendremos su bendición y seremos bendición para quienes nos rodean. Cuando vivimos de acuerdo con la voluntad divina el Señor se deleita en sus hijos (Mateo 6), y por lo tanto, aunque yo sea débil y cometa muchos errores en muchos aspectos, aun así puedo disfrutar de su bendición.

A los creyentes que me piden consejo respecto a cómo hacer la voluntad de Dios yo les digo: 1) Vayan despacio al dar nuevos pasos en el servicio del Señor, en sus negocios o en sus familias. Considere bien cada asunto; considérelo todo a la luz de la Palabra de Dios y en el temor del Señor. 2) Procure someter totalmente su voluntad a la de Dios, a fin de poder descubrir su pensamiento en relación con los pasos

Cuando haya descubierto la voluntad del Señor, procure su ayuda.

que va a dar, de tal modo que pueda decir con toda sinceridad que está dispuesto a hacer la voluntad divina si el Señor se complace en hacérsela conocer. 3) Cuando haya descubierto la voluntad del Señor, procure su ayuda. Procúrela con perseverancia, con paciencia, creyendo y esperando, y de seguro la obtendrá en el tiempo de Dios.

No tenemos que apresurarnos a hacer las cosas actuando según nuestra voluntad y diciendo: "Haré tal cosa y confiaré en que Dios me provea los medios." Esta no es verdadera confianza. Es la falsificación de la fe; es presunción, aunque el Señor, en su infinita compasión y misericordia venga finalmente en nuestro auxilio. No obstante, lograr y realizar lo que nos hemos propuesto no prueba que hayamos obrado correctamente al actuar antes del tiempo de Dios. Más bien debemos decir en tales circunstancias: "¿En realidad estoy haciendo *la obra de Dios*? Y si es así, quizá no soy la persona adecuada, y si lo soy, quizá no es aún *el tiempo de Dios* para seguir adelante. Es posible que Dios quiera que yo ponga en acción mi fe y mi paciencia. Por lo tanto debo esperar con paciencia que llegue su tiempo, porque cuando eso ocurra, el Señor me dará su ayuda. Actuar de acuerdo con este principio produce bendición.

Espíritu Santo, llena mi vida para que pueda conocer la voluntad del Padre en todo lo que yo haga. Dame sabiduría para que las decisiones que yo tome produzcan fruto para el reino de Dios. Ilumina con tu luz la senda que tengo que caminar durante mi vida. Amén.

DÍA 21

Leche espiritual pura

"Por lo tanto, abandonando toda maldad y todo engaño, hipocresía, envidias y toda calumnia, deseen con ansias la leche pura de la palabra, como niños recién nacidos. Así, por medio de ella, crecerán en su salvación, ahora que han probado lo bueno que es el Señor."

1 PEDRO 2:1-3

La lectura y la meditación acompañada de oración de la Palabra de Dios es uno de los hábitos más importantes en la vida del creyente. Así como el crecimiento de la vida física se logra ingiriendo alimento apropiado, en la vida espiritual ocurre lo mismo. Si queremos crecer espiritualmente, este crecimiento sólo se logra alimentándonos regularmente con la Palabra de Dios. El apóstol Pedro no afirma, como algunos están muy dispuestos a decir que la lectura de la Palabra es de importancia en algunas circunstancias. Ni dice que usted obtendrá beneficio leyendo mis declaraciones. Son las declaraciones de la bendita Palabra, y sólo a ellas a las que se refiere el apóstol, y nada más.

Usted quizá me diga que con frecuencia la lectura de cierto libro le hace bien, y yo no lo discuto. Sin embargo, ha sido la Palabra la señalada para este fin y *nos lo dice ella misma*, y en la medida en que los discípulos del Señor Jesús siguen sus instrucciones, serán fuertes, y cuando ocurre lo contrario, cuando su lectura es descuidada, se debilitan. A veces ocurre

A veces ocurre que a los bebés los descuidan en su alimentación y, ¿cuáles son las consecuencias? Que jamás llegan a ser hombres y mujeres saludables, por ese descuido en su tierna edad.

que a los bebés los descuidan en su alimentación y, ¿cuáles son las consecuencias? Que jamás llegan a ser hombres y mujeres saludables, por ese descuido en su tierna edad.

Tal vez reciben alimento pero inapropiado, y esta es una de las formas de descuido más dañinas, y por lo tanto no desarrollan el vigor de la madurez. Y ocurre lo mismo en la vida cristiana. Es de vital importancia que obtengamos el alimento espiritual adecuado desde el mismo comienzo de nuestra vida como cristianos. ¿Cuál es ese alimento? Es la leche espiritual pura de la Palabra de Dios. Esa es la única nutrición apropiada para fortalecer la nueva vida.

Espíritu Santo, gracias por darme la Palabra de Dios para sustentar mi vida espiritual. Toda la Escritura es inspirada por Dios, y útil para enseñarme, para redargüirme, para corregirme y para instruirme en justicia, para que yo sea perfecto, enteramente preparado para toda buena obra. No existe jamás un momento en el cual yo pueda pasar sin la fortaleza recibida mediante la leche espiritual pura de tu Palabra. Ayúdame a asimilarla hoy en mi corazón. Amén.

DÍA 22

Más gracia

*"Dios nos escogió en él antes de la creación del mundo,
para que seamos santos y sin mancha delante de él.
En amor nos predestinó para ser adoptados como hijos
suyos por medio de Jesucristo, según el buen propósito
de su voluntad para alabanza de su gloriosa gracia que
nos concedió en su Amado."*

EFESIOS 1:4-6

Déjeme decirle algo: Yo soy más feliz hoy después de ser un creyente por casi cincuenta años. Y soy más feliz ahora que hace cuarenta años. Mi felicidad va en aumento y hoy soy más feliz de lo que fui hace treinta, veinte, diez años. Al paso del tiempo mi paz, mi gozo y mi alegría en el Señor, en vez de disminuir, se han aumentado cada día más y más.

¿Por qué menciono esto tan personal? No por presumir, porque todo es por la gracia de Dios, sino para animar a mis compañeros creyentes más jóvenes en la fe, a esperar grandes cosas del Señor quien se deleita en dar bendición abundante. Tal como dice el canto cristiano que usted a veces entona: "Lluvias de gracia... lluvias de bendición", hay más todavía de parte del Señor para usted. Espérelas porque dar más gracia, dar abundantemente, es el deleite del corazón de Dios.

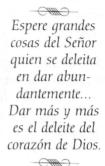

Espere grandes cosas del Señor quien se deleita en dar abundantemente... Dar más y más es el deleite del corazón de Dios.

¿Por qué no podría ocurrir así? ¿Por qué no hemos de tener las mejores cosas en la última parte de nuestra vida? ¿Ha cambiado Dios? ¡Jamás! ¿Ha cambiado la Biblia? ¡De ninguna manera! Tenemos la misma Palabra bendita de Dios. ¿Es el poder del Espíritu Santo inferior ahora? ¡Por supuesto que no! El Señor Jesucristo todavía está listo para bendecir. La Palabra que tenemos ahora es la revelación completa de Dios. Y el corazón de nuestro Padre celestial sigue siendo el mismo para sus hijos. Por todo esto, no existe nada que impida que seamos más felices a medida que el tiempo pasa.

Señor Jesús, nuestra redención, el perdón de nuestros pecados lo obtenemos por tu sangre bendita. Las riquezas de tu gracia han sido prodigadas sobre nosotros con toda sabiduría y entendimiento. Bendito sea nuestro Dios y Padre que nos ha bendecido con toda bendición en los lugares celestiales, en Ti, Señor. Amén.

DÍA 23

Expectativa en la oración

"Les escribo estas cosas a ustedes que creen en el nombre del Hijo de Dios, para que sepan que tienen vida eterna. Esta es la confianza que tenemos al acercarnos a Dios: que si pedimos conforme a su voluntad. Él nos oye. Y si sabemos que Dios oye todas nuestras oraciones, podemos estar seguros de que ya tenemos lo que le hemos pedido."

1 JUAN 5:13-15

Aquí está el primer punto que debemos notar en cuanto a la oración. Si queremos que se nos concedan nuestras peticiones, tenemos que ver primero que ellas estén de acuerdo con los pensamientos y la voluntad de Dios, porque nuestra bendición y nuestra felicidad están íntimamente relacionadas con la santidad de Dios.

Suponga que una persona ociosa y perezosa escucha las promesas en cuanto a la oración.

Así como por la fe podremos estar delante del Señor en el día final, así podemos acercarnos a Él ahora en oración.

¿Qué ocurriría si esa persona dice: "Voy a poner a prueba las promesas de Dios, le voy a pedir que me dé un millón de dólares, y luego me siento a disfrutarlos?" ¿Logrará algo si ora de esta manera todos los días? ¡De seguro que no! ¿Y por qué no? En primer lugar porque Dios no puede honrar el pecado de la pereza. Y segundo porque está pidiendo dinero, no para utilizar en la obra de Dios, sino para gastar en sus propios placeres. Su petición no está en concordancia con el pensamiento y la voluntad del Señor y, por lo tanto, no importa su persistencia o su sinceridad en la oración, no tendrá respuesta. Solamente podemos esperar que nuestras oraciones sean respondidas cuando estén de acuerdo con la mente de Dios.

El segundo factor que debemos notar es que no pedimos sobre la base de nuestra bondad o nuestros méritos personales, sino en el nombre de nuestro Señor Jesucristo (Juan 14:13-14). Así como por la fe podremos estar delante del Señor en el día final, así podemos llegar a Él ahora en oración. Si queremos que nuestras oraciones sean respondidas, debemos acercarnos a Dios como pecadores que confían en su Hijo Jesús, quienes por la fe están unidos al Señor resucitado, y mediante la confianza en Él han llegado a ser miembros de ese cuerpo del cual Él es la cabeza.

Que nadie suponga que es bueno en sí mismo. No merecemos otra cosa que el infierno. Durante cincuenta y cuatro años he caminado, por la gracia de Dios, en el temor del Señor, y por su gracia he vivido de tal manera que nadie puede señalarme con su dedo y acusarme de ser hipócrita. Sin embargo, si tuviera lo que merezco, no podría esperar otra cosa que el infierno. Y justamente ese es su caso y el de las personas más santas que podamos encontrar.

Padre. Vengo delante de tu presencia en el nombre de tu Hijo solamente. No hay nada dentro de mí, nada que yo haya hecho que merezca mérito, sino sólo condenación. Con Jesús como mi Salvador vengo delante de tu trono con mis peticiones. Amén.

Condiciones para que la oración sea respondida

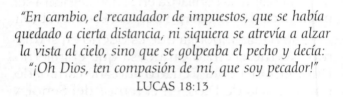

"En cambio, el recaudador de impuestos, que se había quedado a cierta distancia, ni siquiera se atrevía a alzar la vista al cielo, sino que se golpeaba el pecho y decía: "¡Oh Dios, ten compasión de mí, que soy pecador!"
LUCAS 18:13

No podemos esperar que nuestras oraciones sean respondidas confiados en nuestra propia bondad, o en nuestros propios méritos Pero nuestro Señor Jesús sí es digno y merecedor de que su Padre le responda, y en su nombre sí podemos esperar ser respondidos. No hay ninguna petición excesiva, demasiado grande, demasiado costosa que el Padre pudiera negar a su Hijo. Él es digno y merecedor. Él es el Hijo inmaculado, sin mancha, que siempre y bajo cualquier circunstancia actuó de acuerdo con la voluntad de Dios. Y si confiamos en Él, si lo ponemos delante, si dependemos de Él y pedimos en su nombre, podemos esperar que nuestras oraciones sean contestadas.

Quizá alguien diga: "Yo he orado por muchos años por la conversión de mis hijos, pero soy tan indigno e inmerecedor que no voy a lograr respuesta a mis oraciones." Este es un tremendo error. Las promesas de Dios son precisamente para tales personas: para los débiles, los ignorantes y los necesitados, y todos los que piden en el nombre de Cristo tienen la garantía de que sus oraciones les serán respondidas.

Las promesas de Dios son precisamente para los débiles, los ignorantes y los necesitados

Pero si alguien dice: "Yo estoy viviendo en pecado". Pues en tal caso, su oración no será contestada, porque leemos en la Palabra: "Si en mi corazón hubiera yo abrigado maldad, el Señor no me habría escuchado" (Salmo 66:18). Si vivo en pecado y sigo una forma de vida de la cual Dios no se agrada, no puedo esperar que Él me responda.

Una tercera condición es que pongamos en acción la fe en el poder y en la disposición de Dios para contestar las oraciones de sus hijos.

Esto es supremamente importante. "Crean que ya han recibido todo lo que están pidiendo en oración, y lo obtendrán" (Marcos 11:24).

Durante los cincuenta y cuatro años que he sido creyente en Jesucristo, he comprobado que, invariablemente, si tan sólo creo la promesa del Señor, con seguridad recibo lo que pido en el tiempo de Dios. Quisiera que de manera especial grabe en su corazón que debe tener fe en el poder, la voluntad y disposición de Dios de responder sus peticiones. Para saber que Dios es poderoso sólo tiene que considerar la resurrección del Señor Jesucristo de entre los muertos. En cuanto a si tiene suficiente amor por usted, tan sólo mire a la cruz y piense que "Dios no escatimó ni a su propio Hijo, sino que lo entregó por todos nosotros." Con estas pruebas del poder y el amor de Dios tenemos la seguridad de que si creemos, obtendremos y recibiremos.

Padre santo, sé lo que el recaudador de impuestos sintió cuando golpeaba su pecho. Vengo a Ti porque Jesús abrió un camino mediante su sacrificio expiatorio y el poder de su resurrección. Traigo a Ti mis peticiones sabiendo que Tú me escuchas y tienes la voluntad de responderlas. Amén.

Conocer a Dios con el corazón

*"Lo he perdido todo a fin de conocer a
Cristo, experimentar el poder que se manifestó
en su resurrección, participar en sus sufrimientos,
y llegar a ser semejante a él en su muerte."*

FILIPENSES 3:10

Nunca se enfatizará demasiado la importancia de que nuestros corazones se compenetren y se saturen del encanto, la belleza de la naturaleza y el carácter de Dios. Tenemos que procurar estar cada vez más convencidos de su benevolencia, de su amor, de su generosidad, su bondad, su piedad, su compasión y su presteza para ayudar y bendecir. De su fidelidad, de su poder sin límites, de su infinita sabiduría; en una sola palabra, tenemos que procurar conocer a Dios, no según la perspectiva humana o según la capacidad limitada del hombre para verlo, sino de acuerdo con la revelación que Él ha hecho de sí mismo en las Sagradas Escrituras.

¿Qué es lo que nos hará inmensamente felices en el cielo? El pleno conocimiento de Dios.

El conocer a Dios de corazón nos impulsa hacia la santidad. Mientras mejor lo conocemos, más constreñidos nos sentimos a admirarlo y a decir: "¡Qué ser tan amoroso es el Señor!" y especialmente cuando vemos su maravilloso amor en Cristo Jesús hacia una criatura perversa y culpable como soy yo. Mi corazón, entonces, es constreñido a procurar imitarlo, a hacer algo en cambio de su amor, y a ser más parecido a Él.

Conocer a Dios de corazón también nos impele hacia la felicidad. A medida que conocemos al Señor más y mejor, somos también más felices. Era cuando estábamos en completa ignorancia de Dios que no teníamos ni paz verdadera ni alegría auténtica. Y cuando comenzamos a familiarizarnos un poquito con Dios, comenzó nuestra paz y nuestro gozo, quiero decir nuestra felicidad verdadera. Y digo comenzó, porque mientras más lo conocemos y nos acercamos a Él, más felices llegamos a ser. ¿Qué es lo que nos hará inmensamente felices en el cielo? El pleno conocimiento de Dios. Lo conoceremos de una manera infinitamente superior a como lo conocemos ahora.

Por último, el conocer a Dios de corazón nos hace más útiles en su servicio aquí en este mundo. Es imposible que podamos hablar de lo que Dios ha hecho por los pecadores sin sentirnos constreñidos a vivir y a trabajar para Él. Me preguntó a mí mismo: "¿Qué puedo hacer yo por el Señor que ha derramado sobre mí sus dones escogidos? Y entonces siento el deseo de hacer algo para Él en su obra y busco hacerlo de acuerdo a la medida en que me he familiarizado con el Señor. A medida que lo conozco mejor, me es imposible estar ocioso.

Padre bueno, qué privilegio es conocerte y ser tu hijo. Conocerte es vida eterna. Conocer tu amor supera cualquier otro conocimiento. Purifica mi corazón para que yo pueda conocerte más y más. Amén.

DÍA 26

La flaqueza de alma

"Y desearon con ansia en el desierto; Y tentaron á Dios en la soledad. Y él les dio lo que pidieron; Mas envió flaqueza en sus almas."

SALMO 106:14-15 (RVES)

Que triste que muchos hijos e hijas de Dios no tienen la disposición de entregar todo lo que tienen a Dios, si Él así lo pidiera. Ni siquiera han llegado al punto donde llegó Jacob, quien no vivió en la luz de la presente dispensación, pero que a los primeros albores de luz espiritual le dijo al Señor: "De todo lo que me dieres, te daré una décima parte" (Génesis 28:22). No le devuelven a Dios la décima parte de todo lo que que a Él le ha placido darles.

Gustosamente entregan sus finanzas para comprar una casa o para la educación de sus hijos, pagan a otras personas para que hagan muchas de sus tareas personales, gastan su dinero en lujos innecesarios, pero proporcionalmente dan muy poco para la obra de Dios, para ayudar al sostén de los creyentes pobres, o para alimentar a las personas hambrientas que los rodean y que no pueden

Viven más para sí mismos o para sus hijos que para Dios, y por lo tanto no son felices en Dios.

ganar su subsistencia. No obstante, al vivir más para sí mismos y para sus hijos, que para Dios, no disfrutan de felicidad en el Señor, la cual es una de las bendiciones que Él quiere que disfruten durante su existencia terrena. Y esto es aplicable no sólo a los ricos o a la clase media de los hijos de Dios, sino aún a los más pobres. El cristiano que tiene un bajo ingreso dice: "Yo tengo tan poquito que no puedo disponer de nada, o si doy algo es una suma muy pequeña."

¿Y cuál es el resultado? La consecuencia es que tales creyentes no son espiritualmente felices y es común que no puedan prosperar en su vida secular porque no son fieles sobre lo poco que Dios se ha placido confiarles. Y no puede confiarles más. Tal como lo hizo con el pueblo de Israel, les enviará castigo y flaqueza a sus almas, o los llevará a ver lo vano de tales cosas. Y a menudo, ya sea con los ricos, los intermedios o los más pobres, Dios se ve obligado a enviarles enfermedad o grandes pérdidas, y toma de sus hijos lo que ellos no quisieron rendirle voluntariamente constreñidos por el amor de Cristo.

Te doy gracias, oh Señor, porque Tú eres bueno y tu amor permanece para siempre. Mi deseo es hacer siempre lo que es recto a tus ojos. Muéstrame tu favor para que yo pueda compartir el gozo de tu pueblo, mi herencia con acción de gracias. Amén.

DÍA 27

Constreñidos
por el amor de Cristo

*"Cada uno debe dar según lo que haya decidido
en su corazón, no de mala gana ni por obligación,
porque Dios ama al que da con alegría. Y Dios
puede hacer que toda gracia abunde para ustedes, de
manera que siempre, en toda circunstancia, tengan todo
lo necesario, y toda buena obra
abunde en ustedes."*

2 CORINTIOS 9:7-8

Con frecuencia me preguntan cómo debe vivir un creyente a fin de utilizar mejor sus finanzas para el Señor. Procure recordar primero que el Señor Jesús lo ha redimido, y que usted no es dueño de sí mismo porque "ha sido comprado por un precio" (1 Corintios 6:20), por el precio de "la preciosa sangre de Cristo, como de un cordero sin mancha y sin defecto" (1 Pedro 1:19). Todo lo que somos y tenemos le pertenece al Señor, y en relación con nuestras posesiones asumimos la posición de administradores fieles a quienes un rico propietario les confía sus bienes o su dinero.

> *Asumimos la posición de administradores fieles a quienes un rico propietario les confía sus bienes o su dinero.*

El uso corriente que le damos a nuestros recursos a medida que Dios nos prospera es el asunto siguiente del cual debemos ocuparnos. En la medida en que ello sea posible y práctico, debemos hacerlo *semanalmente*, de acuerdo con la Palabra. "El primer día de la semana, cada uno de ustedes aparte y guarde algún dinero conforme a sus ingresos" (1 Corintios 16:2). Yo digo sinceramente que los cristianos deberían considerar este punto en el temor de Dios. *Es el principio establecido con mayor claridad en la Palabra de Dios.* Pero si debido a las circunstancias, esta práctica de dar proporcional y semanalmente se hace imposible, entonces tan pronto podamos establecer la situación de nuestro negocio, o la cantidad de ingresos que nuestra profesión u oficio nos ha permitido obtener, debemos calcular y decidir lo que podemos dar para la obra de Dios o para ayudar a los necesitados.

Se debe notar también que la exhortación del Espíritu Santo a través del apóstol Pablo no es que uno u otro de los creyentes debe hacerlo así, sino *cada uno de ustedes,* los ricos, los de clase media y aun los más pobres.

En cuanto a *la cantidad* que se debe dar, no se puede establecer ninguna regla, porque lo que hacemos no lo debemos hacer con un espíritu legalista, sino por amor y gratitud con nuestro bendito Señor que murió por nosotros. A quienes Dios ha hecho sus hijos, sus herederos y coherederos con Cristo, no les ha dado ningún mandamiento relacionado con este punto.

Señor Jesús, libera mi corazón de un espíritu de legalismo. Que todo lo que yo dé, mi servicio y mis finanzas, reflejen el gozo de ser tu hijo. Todo lo que soy y lo que tengo es tuyo. Amén.

DÍA 28

Dar con alegría

> *"Unos dan a manos llenas, y reciben más de lo que dan; otros ni sus deudas pagan, y acaban en la miseria. El que es generoso prosperará; el que reanima será reanimado."*

PROVERBIOS 11:24-25

Durante mis últimos cuarenta años en el servicio del Señor, me he relacionado con miles de creyentes. Muchos de ellos, en realidad muchísimos, me han honrado solicitando mi orientación y consejo en sus asuntos privados. A través de estos numerosos casos he aprendido la verdad de que algunos dan "a manos llenas" y aun tienen más. Pero he visto muchos más que retienen para sí excesivamente, y sólo tienden a ser más pobres.

Note que he dicho que "retienen excesivamente". No que retienen todo, sino en exceso, indebidamente; si dan es muy poco en comparación con lo que deberían dar y por ello empobrecen. Aun con todo el deseo de lograr el éxito financiero, muchos individuos no pueden alcanzarlo porque sólo viven para sí mismos. Deudas que no les pagan, pérdidas inesperadas e inexplicables en los negocios, profundas aflicciones en la familia, etc, les quitan el

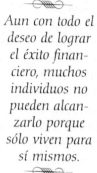

Aun con todo el deseo de lograr el éxito financiero, muchos individuos no pueden alcanzarlo porque sólo viven para sí mismos.

dinero que pretendían guardar para sí en contra de la voluntad de Dios. De otro lado también conozco a muchos creyentes que del diez por ciento que daban en un comienzo, pasaron a dar el quince, luego el veinte por ciento, y conozco a algunos que dan el sesenta, y sesenta y cinco por ciento de todos sus ingresos, porque desean "ser ricos delante de Dios" y no "acumular riquezas para sí mismos" (Lucas 12:21).

Aunque jamás debemos dar *para que Dios nos lo pague*, no obstante así ocurrirá, *si damos con la motivación correcta.* Dios mismo ha declarado que será así. Y es lo que se deduce claramente de los siguientes pasajes: "Honra al Señor con tus riquezas y con los primeros frutos de tus cosechas. Así tus graneros se llenarán a reventar y tus bodegas rebosarán de vino nuevo" (Proverbios 3:9-10). "Den, y se les dará: se les echará en el regazo una medida llena, apretada, sacudida y desbordante. Porque con la medida que midan a otros, se les medirá a ustedes" (Lucas 6:38). "Servir al pobre es hacerle un préstamo al Señor; Dios pagará esas buenas acciones" (Proverbios 19:17).

Padre, Tú has dicho que los rectos prosperarán como hoja verde, mientras que los que confían en las riquezas perecerán. Hazme sabio al dar, pero hazme generoso. Fortalece mi fe al abrir mi mano para ayudar a otros, para que yo pueda confiar en Ti que suples todas mis necesidades. Amén.

DÍA 29

Buenos mayordomos

*"Traigan íntegro el diezmo para los fondos
del templo, y así habrá alimento en mi
casa, pruébenme en esto –dice el Señor
Todopoderoso-, y vean si no abro las compuertas
del cielo y derramo sobre ustedes bendición
hasta que sobreabunde."*

MALAQUÍAS 3:10

A finales del siglo diecinueve, un caballero
le pidió a un piadoso y generoso comerciante de Londres una ayuda financiera para su
proyecto de beneficencia. Esperaba muy poco
de él pues había oído decir que el comerciante
había sufrido fuertes pérdidas financieras
causadas por el naufragio de algunos de sus
barcos. No obstante, contrario a lo esperado,
recibió diez veces más de lo que esperaba
recibir para su proyecto. No pudo evitar

expresarle su sorpresa al comerciante, le contó lo que había escuchado, con franqueza le confesó su temor de que no le daría mucho, y le preguntó si no era cierto lo que había escuchado respecto al hundimiento de sus barcos. El comerciante respondió: "Es totalmente cierto, he soportado grandes pérdidas por el naufragio de estas naves. Pero, precisamente esa es la razón por la cual le he dado tanto, porque tengo que hacer mejor uso de mi mayordomía, antes de que me sea quitada totalmente."

¿Cómo debemos responder si la prosperidad en nuestro negocio, empresa o profesión llega repentinamente a su fin, no obstante estar dando una considerable cantidad de nuestros recursos a la obra del Señor?

La respuesta de Salomón sería: "Cuando los tiempos son malos, reflexiona" (Eclesiastés 7:14). Es voluntad de Dios que consideremos

¿Cómo debemos responder si la prosperidad en nuestro negocio... llega repentinamente a su fin, no obstante estar dando una considerable cantidad de nuestros recursos a la obra del Señor?

nuestros caminos, que veamos si hay alguna razón particular por la cual Él ha permitido que la calamidad nos visite. Quizá descubramos que hemos tomado nuestra prosperidad como algo de hecho, algo que debía ocurrirnos en vez de reconocer, de una manera *práctica,* la mano del Señor en nuestro éxito. O tal vez mientras Dios nos ha prosperado hemos gastado demasiado en nosotros, y hemos *abusado* de su bendición, aunque no haya sido intencionalmente. No quiero con esta observación someter a esclavitud la conciencia de ningún hijo de Dios con escrúpulos y preocupaciones al gastar cada centavo de su dinero. Sin embargo, sigue siendo cierto que existe lo que es apropiado e inapropiado en nuestro vestir, en los muebles de nuestro hogar, en nuestra casa, nuestra comida, nuestro estilo de vida en general, y en la cantidad que anualmente invertimos en nosotros y nuestra familia.

Poderoso Señor, temo que se diga de mí que te he robado al rehusar darte mi vida y mis bienes. Deseo dar libre y abundantemente para que tu nombre sea exhaltado entre las naciones. Amén.

DÍA 30

Paciencia

*"Puse en el Señor toda mi esperanza; Él se inclinó
hacia mí y escuchó mi clamor. Me sacó de la fosa de la
muerte, del lodo y del pantano, puso mis pies sobre una
roca, y me plantó en terreno firme. Puso en mis labios
un cántico nuevo, un himno de alabanza a nuestro
Dios. Al ver esto, muchos tuvieron miedo y pusieron su
confianza en el Señor."*
SALMO 40:1-3

En relación con nuestra vida de oración surge la
pregunta: "¿Es necesario que le mencionemos
una petición al Señor dos veces, tres, cinco o aún
veinte veces? ¿No es suficiente hacerlo una sola
vez?" Bien, podríamos decir que no es necesario
mencionarla ni siquiera una vez porque Él sabe de
antemano cuáles son nuestras necesidades. Sin
embargo, el Señor quiere que le demostremos
nuestra confianza; que asumamos la posición de
las criaturas dirigiéndose a su Creador.

Mas aun, es necesario que no perdamos de vista el hecho de que puede haber razones específicas por las cuales nuestra oración no es respondida de inmediato. Una de ellas podría ser la necesidad de ejercitar, nuestra fe, porque es ejercitándola como se fortalece. Todos sa-

Cuando el corazón está preparado para recibir la bendición, Dios no se tarda en concederla.

bemos que si no utilizamos nuestra fe, lo cual hacemos al esperar una respuesta, permanece como al comienzo. Pero es fortalecida con las pruebas. Otra razón puede ser que le demos gloria a Dios al desarrollar nuestra paciencia. Esta es una gracia o cualidad que honra al Señor en gran medida. Y puede haber otra razón: que nuestro corazón no esté todavía preparado para recibir la respuesta a nuestra petición.

Muchos hijos queridos de Dios vacilan porque su oración no recibe respuesta inmediata. Y por cuanto pasan las semanas, los meses, y aun los años sin recibir respuesta, cesan de pedirle a Dios y por lo tanto pierden la bendición, que de haber perseverado, de seguro hubieran recibido.

Cuando el corazón está preparado para recibir la bendición, Dios no se tarda en concederla.

Todos los hijos de Dios que andan en sus caminos han tenido la experiencia de que algunas de sus oraciones son respondidas con rapidez, mientras que para otras, la respuesta demora largo tiempo. A menudo he recibido contestación a alguna de mis oraciones antes de salir de la cama. Pero en otras ocasiones he tenido que esperar durante semanas, meses, años... a veces durante muchos años. Pero sigo esperando en el Señor, oro y permanezco expectante para recibir la respuesta.

Siga esperando en Dios, continúe orando pero asegúrese de pedir sólo lo que está de acuerdo con el pensamiento del Señor. Siga orando, manténgase expectante, espere la contestación y al final tendrá la oportunidad de alabar a Dios por ella.

Oh, Señor, mi Dios, son muchas las maravillas que Tú has hecho. Te espero con paciencia. En tu propio tiempo y a tu manera contestarás aún mis peticiones más difíciles. Ayúdame para no vacilar en incredulidad. Amén.

TESOROS DEVOCIONALES

CHARLES
SPURGEON

La
Oración

Charles Spurgeon

Charles Spurgeon ha sido considerado por los colegas de su época y del día de hoy como el "príncipe de los predicadores". El Tabernáculo Metropolitano de Londres, que él construyó, albergó la congregación cristiana independiente más grande del mundo, durante el siglo diecinueve. Algunos atribuyen parte de su éxito a la combinación de una hermosa voz, talento y estilo dramáticos cautivantes, profundo compromiso con una teología bíblica y su capacidad de hablarle a la gente de su época de tal manera que tocaba sus necesidades más profundas. Pero el secreto principal que le dio a Spurgeon ese poder, fue su devoción a la oración.

Cuando la gente entraba al Tabernáculo Metropolitano, Spurgeon los llevaba al sótano, que era el lugar de oración, en donde siempre había creyentes de rodillas intercediendo por la iglesia. Entonces afirmaba: "Este es el cuarto de poder de esta iglesia." Esta declaración fue apoyada por la asombrosa cantidad de sermones que predicó sobre el tema de la oración.

Spurgeon fue un gran creyente y maestro de la oración ferviente dirigida por el Espíritu Santo. En sus enseñanzas nos pinta con maestría cuadros bíblicos maravillosamente instructivos sobre el tema de la oración.

Pues bien, hace más de un siglo que su voz resonó en el Tabernáculo Metropolitano de Londres. Pero el tiempo no ha disminuido el poderoso efecto de las palabras de Spurgeon. Yo lo invito a leer estas treinta meditaciones y a disfrutar en ellas la enseñanza de un pastor agudo y confiable. Una cuidadosa labor de edición ha hecho más claro el enfoque de estas lecturas que a la vez retienen su sabor auténtico y siempre actual.

DÍA 1

¡LLamen a la puerta!

"Pidan, y se les dará; busquen,
y encontrarán; llamen, y se les abrirá"

MATEO 7:7

¡Que nuestra oración sea frecuente, persistente y abundante!

Ninguna otra actividad bajo el cielo produce mejores dividendos que la oración persistente. Quien posee poder en la oración tiene a la mano todas las cosas.

Pida en oración cualquier cosa que necesite, sin importar lo que sea. Si esta es buena y correcta. Dios prometió una respuesta afirmativa a quien las busca con sinceridad. Busque lo que perdió por la caída de Adán, y lo que ha perdido por su propio descuido, su extravío, o su falta de oración. Pida hasta que encuentre o reciba la gracia o la bendición personal que necesita. Luego, llame a la puerta. Si le falta ánimo, si carece de conocimiento, de esperanza, de Dios…entonces llame a la puerta, y el Señor le abrirá. Aquí necesita la intervención personal del Señor. Usted puede pedir y recibir; buscar y encontrar; pero usted no puede tocar a la puerta y abrirla, el Señor mismo tiene que abrirle, o se quedará afuera para siempre. Dios está listo para abrir la puerta. No hay un querubín con una espada fiera para guardar esta entrada. Por el contrario, el mismo Señor Jesús abre, y nadie puede cerrar.

Si le falta ánimo, si carece de conocimiento, de esperanza, de Dios…entonces llame a la puerta, y el Señor le abrirá.

¿Teme que su pecado ha cerrado y trancado la puerta de la gracia divina? ¿Piensa que sus sentimientos de desaliento, desánimo y condenación son los que la han cerrado con seguro? Pues bien, eso no es cierto. La puerta de la provisión y la gracia de nuestro Dios no tiene el cerrojo puesto, como usted cree. Aunque se habla de ella a veces como si estuviera cerrada, en cierto sentido jamás lo ha estado. En cualquier caso ella se abre fácilmente; sus bisagras no están oxidadas, no hay pasadores ni cerrojos bloqueándola. El Señor la abre gustoso a cualquier alma que llama. Está cerrada más en la percepción suya que en la realidad. Tenga fe, y con coraje divino entre por ella en este mismo momento.

Y si le clamamos a Dios durante un tiempo, sin éxito aparente, eso nos debe hacer más fervientes. David se describe a sí mismo como hundido en el lodo cenagoso, cada vez más bajo hasta que, desde la profundidad, clamó al Señor y finalmente fue sacado de ese horrible pozo de la desesperación y sus pies fueron puestos sobre peña. Nuestros corazones necesitan ensancharse así. La pala de la agonía está cavando las zanjas en donde se depositará el agua de vida. Si las barcas de la oración no regresan a casa rápidamente es porque vienen muy cargadas de bendiciones. Si su corazón está cargado y agobiado, aun así usted puede cantar con gozo en el espíritu.

¡Jamás se deje dominar por el desánimo!

Señor Jesús, sólo Tú puedes abrir la puerta a la cual yo estoy llamando. ¡Ábreme, Señor! Amén.

DÍA 2

No se preocupen

"Por eso les digo: No se preocupen por su vida, qué comerán o qué beberán; ni por su cuerpo, cómo se vestirán. ¿No tiene la vida más valor que la comida, y el cuerpo más que la ropa? Fíjense en las aves del cielo: no siembran ni cosechan ni almacenan en graneros; sin embargo, el Padre celestial las alimenta. ¿No valen ustedes mucho más que ellas?

MATEO 6:25-26

La ansiedad indebida es un mal muy común entre nosotros. Algunos somos nerviosos, tímidos inclinados a la duda y propensos al temor. Existe una infinidad de pesimistas, si bien algunos difícilmente reconocen que lo son. Para ellos el mal siempre amenaza, siempre estamos a punto de dar un salto en el vacío. Todas las aves que ven son aves de mal agüero. Todos sus cisnes son negros. Si llovió hoy, lloverá mañana, y pasado mañana, y con toda posibilidad habrá diluvio. O si el día es soleado y hermoso, será seco también mañana y los meses siguientes hasta que la tierra con todas sus praderas perezcan de sequía. Supongo que no pueden evitar ser así, pero los cristianos sí deben evitar actuar de esa manera, porque la Palabra del Señor es clara y obligante: "No se preocupen por su vida."

La ansiedad agobiante le está prohibida al creyente y además es innecesaria. Si tiene un Padre en los cielos que cuida de usted, ¿no siente vergüenza cuando ve al pajarillo que se posa en la rama a cantar, aunque no sea dueño ni de dos granos de cebada del mundo? Dios cuida de las aves del cielo y por eso viven libres de ansiedad alguna. ¿Por qué no confiamos en Él y nos liberamos de la preocupación?

La prudencia es sabia porque adapta los medios a los fines; pero la ansiedad es tonta porque se lamenta, se preocupa, y no consigue nada.

Nuestro Señor también enseñó que tal ansiedad es inútil, porque con todo nuestro afán y preocupación "no podemos añadir ni una sola hora a nuestra vida" (Mateo 6:27). ¿Podemos hacer algo preocupándonos? ¿Logra alguna cosa nuestra ansiedad? ¿Qué tal si el granjero se lamenta por la falta de lluvia? ¿Pueden sus temores destapar los depósitos de agua de los cielos? Es infinitamente sabio hacer lo mejor que podamos en cada situación, y luego "echar todas nuestras inquietudes sobre nuestro Dios" (1 Pedro 5:7 RVR). La prudencia es sabia porque adapta los medios a los fines; pero la ansiedad es tonta porque se lamenta, se preocupa, y no consigue nada.

Además, "los paganos andan tras todas estas cosas" (Mateo 6:32). Dejar que el heredero del cielo actúe de mejor manera que el hombre mundano. Nuestra desconfianza de Dios es infantil y deshonrosa. Si no pudiéramos confiar en Él, ¿podríamos nosotros manejar mejor las cosas? ¿Podemos hacer algo mejor: conocer que todas las cosas que Dios hace, son para el bien de quienes lo aman"?

Padre, abre los ojos de mi corazón para ver quién eres.
Pongo mis ansiedades y preocupaciones a tus pies.
Amén

La adopción:
el Espíritu y el clamor

⟨⟨⟨⟩⟩⟩

*"Y por cuanto sois hijos, Dios envió a vuestros
corazones el Espíritu de su Hijo,
el cual clama: ¡Abba, Padre!*

GÁLATAS 4:6 RVR

La palabra *Abba** es, de todas las palabras y de
todos los idiomas, la más natural para desig-
nar al padre. En realidad es una palabra infantil,
y no me cabe duda que nuestro Maestro, en su
agonía en el Getsemaní, sintió predilección por
las expresiones infantiles (Marcos 14:36). Pienso
que esta dulce palabra *Abba,* fue escogida para
mostrarnos que se espera de nosotros que seamos muy naturales con Dios, y no que seamos
artificiales posudos o formales. Debemos ser muy
afectuosos, acercarnos a Dios y sentirnos cómo-
dos reclinándonos sobre su hombro, mirando su

rostro y hablándole con denuedo santo. "Abba" en realidad no es una palabra formal, sino algo así como la expresión de un bebé. ¡Ah, cuán cerca estamos de Dios cuando podemos usar tal clase de vocabulario! Cuán querido es Él para nosotros, y nosotros para Él cuando le decimos como lo hizo su mismo Hijo: "Abba, Padre".

¿A qué niño le importa que su padre lo escuche clamar o llorar?

Es infantil no sólo el clamor de nuestros corazones, sino también el tono y la manera de expresarlo. Note que es un *clamor*. Si logramos una audiencia con un rey, o con una persona importante o de elevada dignidad, no clamamos; hablamos en tonos mesurados y con frases elaboradas. Pero el Espíritu de Dios echa fuera el formalismo y nos guía a clamar: "Abba". Aun nuestros muchos clamores están saturados del espíritu de adopción. ¿Y a qué niño le importa que su padre lo escuche clamar o llorar? Cuando el Espíritu que mora en nosotros produce clamores y gemidos, ni nos avergonzamos ni tenemos temor de clamar delante de Dios. Quizá piense usted que Dios no oye sus oraciones porque no puede orar bonito o con elocuencia como lo hace otra persona. Pero el Espíritu de Jesús clama y usted no puede hacer nada mejor que clamar también. Siéntase satisfecho de orar al Señor con un lenguaje quebrantado, con palabras sazonadas con sus pesares, humedecidas con sus lágrimas. Acérquese a Él con familiaridad santa y no tema clamar en su presencia: "Abba, Padre".

¿No nos ha llevado a veces tan cerca de Él que hemos dicho: "No te dejaré ir si no me bendices?" (Génesis 32:26). Nuestro clamor es por Él. Nuestro corazón y nuestra carne claman por Dios, por el Dios vivo.

Abba, Padre, tengo que conocerte, tengo que gustar tu amor, tengo que habitar bajo tus alas, tengo que contemplar tu rostro; tengo que sentir tu corazón grande y paternal fluyendo y llenando mi corazón con paz. Amén.

* "*Abba,* palabra aramea que Jesús empleaba frecuentemente para dirigirse al Padre. La usaban también los cristianos de la primera generación (Ro. 8:15; Gá. 4:6) para expresar una relación muy íntima entre Dios y sus hijos." (Nuevo Diccionario Bíblico Ilustrado, Editorial CLIE 1985, p. 4) Algunos autores cristianos afirman que por su familiaridad, esta palabra sería equivalente al apócope *"Pa"* o al diminutivo *"Papito"* del idioma Español. (Nota del Traductor)

DÍA 4

La oración eficaz

> *"Tan pronto como empezaste a orar,*
> *Dios contestó tu oración. He venido a decírtelo*
> *porque tú eres muy apreciado.*
>
> DANIEL 9:23

¿Con qué se podrían comparar las plegarias de Daniel? Me parece a mí que en intensidad eran como truenos y relámpagos a las puertas del cielo. Se paró allí frente a Dios y le dijo: "Oh, Altísimo, Tú me has traído hasta este punto así como llevaste a Jacob al vado del río Jaboc, y tengo la intención de estar contigo toda la noche y luchar hasta que llegue el alba. No puedo dejarte, y "no te dejaré hasta que me bendigas" (Génesis 32:26). Ninguna oración producirá una respuesta inmediata, si no es una oración ferviente. "La oración del justo es poderosa y eficaz" (Santiago 5:16), pero si no es

ferviente no podemos esperar que sea eficaz.
Tenemos que evitar el lenguaje florido. Debemos
pedirle a Dios que derrita las congeladas caver-
nas de nuestra alma, y que convierta nuestros
corazones en hornos de fuego ardiendo siete
veces más. Si nuestros corazones no arden,
quizá nos preguntemos si
Jesús está con nosotros. Él
ha amenazado con vomitar
de su boca a quienes no son
fríos ni calientes (Apocalipsis 3:16). Si es cierto que
Él es "fuego consumidor",
no tendrá comunión con
nosotros hasta que nuestras
almas crezcan, maduren y se
conviertan también en "fuego
que consume".

Ninguna oración producirá una respuesta inmediata si no es una oración ferviente.

¡Ah, por un poderoso clamor! ¡Un clamor!
¡Que prevalezca! ¡Que estremezca los ámbitos
celestiales! ¡Un clamor que abra las puertas de
los cielos! ¡Que sea irresistible para Dios! ¡Un
clamor que los santos eleven juntos en amor
y lleno de pasión santa! Deja que Dios arroje
la piedra en el pozo estancado de su iglesia y

podamos ver cómo las ondas del avivamiento son expandidas a través de todo el mundo. El reino de Dios se extenderá y vendrán días de refrigerio y fluyendo de la presencia del Señor. Permítame decir ahora ante su vista que aun si a Él no le place oirnos al comienzo de nuestra súplica, es nuestro deseo esperar en Él hasta que lo haga. Aún permaneces escondido tras las montañas, pero esperaremos por Ti como aquellos que esperan la mañana. ¡Pero no te tardes Dios, nuestro! ¡Apresúrate, amado nuestro!

Espíritu Santo, enciende en mi alma un fuego de amor apasionado por Jesús. Que tu presencia derrita los témpanos que han congelado mi corazón. Amén.

DÍA 5

La oración en el Espíritu

"Manténganse orando en el Espíritu"

JUDAS 20

Es una reflexión deliciosa considerar que Dios observa a sus hijos y no se sienta como un espectador indiferente ante sus conflictos y dificultades. El Señor conoce nuestras debilidades y flaquezas en la oración y sin embargo no está enojado con nosotros. Por el contrario, es compasivo y amoroso, y en lugar de cerrar la puerta de su misericordia inventa formas para llevar al débil a su presencia. Él enseña al ignorante cómo debe orar y fortalece al débil con su propia fortaleza. Su ayuda no se encuentra en un libro o en la repetición de ciertas palabras en ciertos lugares consagrados, sino en la ayuda condescendiente del Espíritu Santo.

Si frente al trono de la gracia le faltan palabras, no fracasará en su intento de obtener la bendición de Dios y su corazón saldrá vencedor.

Comprendo que el Espíritu Santo está actualmente dispuesto a ayudarme a orar, que me dirá cómo hacerlo y que cuando llego a un punto en que me faltan las palabras para expresar mis deseos, Él se hará presente en mi necesidad e intercederá por mí con gemidos indecibles. En su agonía en el Getsemaní Jesús fue fortalecido por un ángel; usted será fortalecido por Dios mismo. Este pensamiento no requiere de adornos de retórica alguna. Tome esta verdad como si fuera un lingote de oro de ofir y valórela como tal. Ella no tiene precio. Dios Espíritu Santo se complace en ayudarle cuando usted está de rodillas orando. Aunque no pueda articular ni siquiera dos palabras al hablar con la gente, Él le ayudará a hablar con Dios. Y si frente al trono de la gracia le faltan palabras no fracasará en su intento de obtener la bendición de Dios y su corazón saldrá vencedor. Dios no necesita de las palabras para entendernos. Él nunca lee nuestras peticiones según nuestra expresión exterior sino de acuerdo a nuestro clamor interior. El Señor toma nota del anhelo, del deseo, del suspiro y del clamor.

Recuerde que lo exterior de la oración es como la concha, y la oración interna es como la perla, su verdadera esencia. Ciertamente la oración que nace de la amargura y la angustia de un espíritu desolado, un clamor disonante para los oídos humanos es música para el oído de Dios. Tome nota de la importancia que en la oración tiene la disposición y la actitud del corazón y cobre ánimo.

Espíritu Santo, enséñame a orar, fortaléceme en oración. Mi corazón es tuyo. Intercede por mí ante el trono del Padre. Amén.

DÍA 6

La oración: verdadero poder

*"Por eso les digo: Crean que ya han
recibido todo lo que estén pidiendo
en oración, y lo obtendrán"*

MARCOS 11:24

Levantemos nuestra mirada a lo alto y dejemos que broten las lágrimas. Oh, Señor, Tú nos has dado un arma poderosa y nosotros la hemos dejado enmohecer. Nos has dado algo tan poderoso como Tú mismo, y hemos permitido que esté adormecido. Qué hemos de decir de nosotros cuando Dios nos ha dado poder en la oración, poder incomparable lleno de bendiciones para nosotros e infinitas misericordias para otros, y tal poder sigue dormido. Has dado a tu pueblo un regalo mejor que el sol, el viento o la vida y lo tenemos ahí, sin darle el uso debido. Casi llegamos a olvidar que lo podemos usar. ¡Llora, creyente! Hemos sido derrotados y nuestra bandera yace en el polvo deshonrada porque no hemos orado. Vuelva donde su Dios y confiese que usted se enroló en filas y juró bandera, pero le dio la espalda en el día de la batalla. Su espíritu no ha sido conmovido. ¡Despierte! Despierte y asómbrese: usted ha descuidado la oración. Como Jacob, luche con su Dios y la bendición vendrá: la lluvia temprana y la lluvia tardía de su bendición y la tierra producirá a plenitud y todas las naciones lo bendecirán.

Una vez más levante la vista y regocíjese. Usted no ha buscado el rostro divino pero Dios sigue clamando: "Busca mi rostro" (Salmo 27:8RVR). ¡Qué bendición más grande es que nuestro Maestro en los cielos esté siempre listo a oírnos! Que cada vena de su corazón rebose con la rica sangre del deseo, y luche y contienda con Dios empleando sus promesas e invocando sus atributos, y vea si

Lo desafío a que trate de agotar la generosidad del Maestro.

Él no le concede los deseos de su corazón. Lo desafío a que en oración trate de agotar la generosidad del Maestro. Crea que Él es más de lo que es actualmente para usted. Abra su boca de tal manera que Dios no pueda llenarla. ¿Cree que eso es posible? Acérquese a Él ahora en procura de más fe de la que garantizan las promesas. Aventúrese, arriésguese a deshacer lo eterno, si esto es posible. Crea, y vea si creyendo Dios no le bendice abundantemente con la unción de su Espíritu Santo mediante la cual usted será fuerte en la oración. El Señor lo escuchará y usted orará como un príncipe conquistador.

Padre, yo busco tu rostro. Tu promesa es asombrosa.
Llename de fe. Amén.

DÍA 7

La incesante oración

Oren Sin cesar.

1 TESALONICENSES 5:17

Lo que el Señor Jesucristo le asegura con
estas palabras, es que usted puede orar sin
cesar. No existe ni un solo momento en el cual
esté eximido de orar. Ni un solo instante que
no sea santo en una hora, ni una hora excluída
en el día o en el año. Dondequiera que bus-
quemos al Señor con corazones sinceros, allí
lo encontramos; cuando quiera que clamemos
a Él, nos oye.

Usted tiene permiso de llegar al trono de la
gracia cuando lo desee porque, cuando Jesús
murió en la cruz, el velo del Lugar Santísimo fue
partido en dos, de arriba a abajo, abriéndonos
así el acceso al trono de manera indiscutida
e indiscutible. Nadie podía entrar donde el

Nada puede establecer una barrera entre un alma que ora y su Dios

monarca del cual habla el libro de Ester, que tenía su palacio en Susa, a menos que fuera llamado. Pero el Rey de reyes ha invitado a todos sus hijos a acudir a Él cuantas veces quieran. Quien sin ser invitado se presentaba ante Asuero, el monarca persa, moría si el rey no le extendía su cetro. Pero nuestro Rey nunca retrae su cetro, siempre lo tiene extendido y cualquiera que lo desee puede llegar a Él, una y cuantas veces quiera. Entre los persas había unos cuantos nobles privilegiados que tenían el derecho particular y especial de tener audiencia con el rey a la hora que eligieran. Ese derecho de unos pocos, considerados grandes, es el privilegio de cada hijo de Dios que puede presentarse en cualquier momento ante el gran rey. La media noche no es demasiado tarde para Dios; el nacer de la aurora, cuando se avizoran las primeras luces del día, no es demasiado temprano para el Altísimo; si es medio día, no está demasiado ocupado, y cuando llega la noche no está demasiado cansado con las oraciones de sus hijos. Poder orar en todo momento es la concesión más dulce y valiosa otorgada al creyente para que, a cualquier hora, abra su corazón al Señor.

Las puertas del templo del amor divino no se cierran nunca. Nada puede establecer una barrera entre un alma que ora y su Dios. Las rutas de los ángeles y de las oraciones están siempre abiertas. Tan sólo enviemos la paloma de la oración y estemos seguros de que regresará a nosotros con una rama del olivo de la paz. Hoy como siempre el Señor se interesa en las plegarias de sus hijos y quiere ser misericordioso con ellos.

Señor Jesús, Tú abriste las puertas del templo para siempre. Que mi corazón siempre habite allí. Amén.

DÍA 8

Hágase tu voluntad

*"Hágase tu voluntad así en la
tierra como en el cielo."*

MATEO 6:10

Dios conoce lo que contribuye mejor a sus designios de misericordia. Él ordena todas las cosas según el consejo de su voluntad y ese consejo jamás se equivoca. Aceptemos en adoración que así sea y no deseemos que su voluntad sabia sea modificada. Esa *voluntad* puede ser costosa para nosotros, pero Dios no obliga nuestras voluntades. Que nuestras mentes sean totalmente obedientes a la voluntad divina. La voluntad de Dios quizá nos traiga privación, enfermedad y pérdida, pero aprendamos a decir: "Él es el Señor; que haga lo que mejor le parezca" (1 Samuel 3:18). No sólo debemos someternos a la voluntad divina, sino estar de acuerdo con ella hasta el punto de regocijarnos en las tribulaciones que ella pueda deparar. Este es un gran logro pero somos nosotros quienes determinamos alcanzarlo. Quien nos enseñó a orar sometiendo nuestra voluntad practicó este principio sin ninguna restricción. Cuando el sudor como sangre bañaba su rostro y todas las posibles angustias y los temores humanos lo agobiaban, no cuestionó el decreto del Padre, por el contrario, bajó su cabeza y clamó: "No se haga mi voluntad sino la tuya" (Lucas 22:42).

Si la oración no hubiera sido dictada por el mismo Señor Jesús, la consideraríamos demasiado atrevida. ¿Podría ser que esta tierra, una mera gota comparativamente tan pequeña, pueda tocar el gran mar de la vida y de la luz y no perderse en él? ¿Puede convertirse en el cielo y seguir siendo la tierra? En esta tierra sujeta a vanidad, manchada por el pecado, surcada por la aflicción... ¿puede la santidad habitar en ella como si fuera el cielo? Nuestro divino instructor no nos pediría que oráramos por imposibilidades. Él pone en nuestra boca tales peticiones porque pueden ser oídas y respondidas. Esta oración de sumisión y sometimiento sigue siendo una gran oración matizada con lo infinito. ¿Puede la tierra estar en sintonía con las armonías celestiales? Puede y debe estarlo porque el que nos enseñó esta oración no estaba haciendo burla de nosotros con palabras vanas. Esta es una oración valiente que sólo una fe proveniente del cielo puede expresar. No es la semilla de la presunción, porque la presunción no anhela que la voluntad del Señor se realice de manera perfecta.

Allá arriba no se juega con las cosas sagradas; los habitantes del cielo "ejecutan la voluntad de Dios obedeciendo a la voz de sus preceptos" (Salmo 103:20). Que aquí abajo no solamente se predique y se cante acerca de la voluntad divina, sino que "se haga...en la tierra...como en el cielo."

Padre Celestial, cualquiera que sea el costo de tu voluntad para mí en el día de hoy, es muchísimo menos de lo que le costó a tu Hijo, mi Señor Jesús. Tu voluntad sea hecha en mi vida. Amén.

DÍA 9

El trono de la gracia

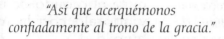

*"Así que acerquémonos
confiadamente al trono de la gracia."*

HEBREOS 4:16

Si soy uno de los favorecidos al que se le permite frecuentar la corte del cielo por la gracia divina, ¿no debo alegrarme por ello? Yo debería estar en su prisión, echado de su presencia para siempre, y sin embargo ahora me encuentro ante su trono y aun soy invitado a su cámara secreta de audiencias indulgentes. ¿No debe mi gratitud convertirse en gozo supremo y no debo sentir que soy objeto de grandes favores cuando se me permite orar?

Corazón mío, póstrate ante tan magnífica presencia. Si Él es tan grande pon tu boca en el polvo delante de Dios, porque es el más poderoso de todos los reyes y su trono tiene dominio sobre todos los mundos. El cielo le obedece con alegría, el infierno tiembla ante su mirada y la tierra es constreñida a rendirle adoración, voluntaria o forzosa. Su poder crea o destruye. Alma mía, cuando te acerques al Omnipotente, que es fuego consumidor, quita el calzado de tus pies y adóralo con la máxima humildad.

> *El cielo le obedece con alegría, el infierno tiembla ante su mirada y la tierra es constreñida a rendirle adoración, voluntaria o forzosa.*

Él es el más santo de todos los reyes. Su trono es un gran trono blanco, sin mancha y tan claro como el cristal. "Si a sus ojos no tiene brillo la luna, ni son puras las estrellas, mucho menos el hombre, simple gusano" (Job 25:5-6).

¡Ah, con cuánta humildad debe usted acercarse a Dios! Con familiaridad, sí, pero con santidad. Con confianza, pero sin impertinencia. Usted está todavía en la tierra y Él en el cielo. Usted es un gusano de la tierra y Él es el Eterno. Antes de que nacieran los montes, Él era Dios, y todas las cosas creadas deben pasar pero Él sigue siendo el mismo. Me temo que no nos postramos como debiéramos ante la eterna majestad. Pidámosle al Espíritu de Dios que nos ponga en la posición correcta para que cada una de nuestras oraciones llegue a ser un acercamiento reverente a la infinita majestad de lo alto.

Padre celestial, me humillo en silencio ante alguien tan majestuoso como Tú. Amén

DÍA 10

Adoración

> *"¡A Él sea la gloria en la iglesia y en*
> *Cristo Jesús por todas las generaciones,*
> *por los siglos de los siglos! Amén"*
>
> EFESIOS 3:21

En el texto anterior encontramos adoración; no oración, el apóstol ya había orado. Encontramos adoración, no tanto alabanza en la manera como la conocemos, lo cual es mucho menos de lo que podemos dar. Se me hace bastante difícil describir la adoración. La alabanza es un río que corre gozoso a través de su propio canal, con flancos en ambos lados para que fluya hacia su objetivo. Pero la adoración es el mismo río fluyendo y desbordando sus flancos u orillas, inundando el alma y cubriendo la naturaleza toda con sus grandiosas aguas; y no tanto en movimiento y causando conmoción a su paso, sino en reposo, reflejando cual espejo la gloria que brilla sobre sus aguas, como un sol de verano reflejándose en un inmenso mar de cristal.

La adoración no busca la presencia divina sino que está consciente de ella en un grado indecible y, por lo tanto, se llena de asombro reverente y de paz como el mar de Galilea cuando sus olas sintieron el contacto de los sagrados pies del Maestro. La adoración es la plenitud, la altura, la profundidad, la anchura y la extensión de la alabanza. La adoración se asemeja al cielo estrellado que está siempre contando la gloria de Dios "sin palabras, sin lenguaje, sin una voz perceptible" (Salmo 19:3). La adoración es el elocuente silencio de un alma tan saciada y tan plena, que no puede expresar su sentir con palabras. Postrarse en el polvo en humildad y no obstante remontarse en sublimes pensamientos, hundirse en la nada y sin embargo, engradecerse y ser lleno de toda la plenitud de Dios, vaciar la mente de todo pensamiento y llenarla a la vez, perderse totalmente en Dios: eso es adoración.

Debemos establecer un tiempo mayor para este sagrado compromiso. Nuestras vidas serían

enriquecidas de manera excepcional si estable-
cemos el hábito de pedirle diariamente al Espíritu Divino que frecuentemente nos eleve por
encima de todas las pequeñas preocupaciones e
intereses que nos circundan, hasta que seamos
conscientes solamente de Dios y de su excelsa
gloria. ¡Ah, que el Espíritu Santo nos sumerja en
el mar más profundo de la divinidad hasta que
perdidos en su inmensidad, podamos expresar maravillados: "¡Oh, qué profundidad! ¡Qué
hondura!" Aparte su mirada de todo lo demás
y fíjela en Él, el Señor Dios Todopoderoso, el
Cordero inmolado. Piense en Él solamente y
ríndale adoración.

Gloria a Ti, Dios Eterno. Por la eternidad Tú eres Dios.
Que yo me pierda en la plenitud de tu Espíritu. Amén.

La llave de oro de la oración

*"Clama a mí y te responderé, y te daré
a conocer cosas grandes y
ocultas que tú no sabes"*

JEREMÍAS 33:3

Las piedras sólo se parten por fuertes golpes de martillo, y la piedra de cantería es aún más resistente. Use el martillo de la diligencia y permita que las rodillas se ejerciten en la oración. No existe en la revelación una doctrina útil que como piedra no se haga pedazos cuando usted ejercita la oración y la fe. "Orar bien es estudiar bien" era un sabio proverbio de Martín Lutero. Usted puede lograr lo que se proponga si utiliza la palanca de la oración. Los pensamientos y las ideas pueden ser como las cuñas de acero que penetran en la verdad, pero la oración es la palanca que abre el cofre de hierro de los misterios sagrados. Al reino de los cielos se hace fuerza y los valientes lo arrebatan. Si tiene cuidado de trabajar con la herramienta poderosa de la oración, nada se le puede resistir.

El creyente puede descubrir experiencias mayores y tener un conocimiento más profundo de la vida espiritual pasando más tiempo en oración. No todos los progresos de la vida espiritual son igualmente fáciles de alcanzar. Tenemos los hechos comunes como el arrepentimiento y la fe, pero también hay un ámbito mucho más alto de una unión consciente y una comunión íntima con Cristo. Todos los creyentes pueden ver a Jesús, pero no a todos se les permite meter los dedos en los orificios que dejaron los clavos. No todos tienen el privilegio de reclinarse en el hombro del Señor, o de ser llevados al tercer cielo.

> *Si tiene cuidado de trabajar con la herramienta poderosa de la oración, nada se le puede resistir.*

La mayoría de los cristianos sólo se han sumergido hasta los tobillos en las aguas de la experiencia cristiana. Algunos tal vez se han aventurado hasta tener el agua al nivel de sus rodillas. Otros, más pocos aún, han permitido que les llegue hasta el hombro. Pero para muy pocos llega a ser un río en el cual pueden nadar y cuyo fondo no pueden tocar. Hay alturas en la experiencia del conocimiento de las cosas de Dios que nunca ha visto el ojo del águila de la perspicacia humana y de la filosofía. Existen sendas secretas que no ha aprendido a trasegar el cachorro del león de la razón y del juicio. Sólo Dios nos puede llevar hasta estos lugares, pero el carro en el cual nos lleva y los corceles ágiles que lo tiran son las oraciones que prevalecen.

Señor Jesús, llévame más profundo en el manantial de tu amor para que yo te conozca y te glorifique mejor.
Amén.

DÍA 12

La oración en la cueva

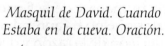

*Masquil de David. Cuando
Estaba en la cueva. Oración.*

TÍTULO DEL SALMO 142

David oró cuando estuvo en la cueva. Si tiempo después, cuando estuvo en su palacio, hubiera orado siquiera la mitad de lo que oró cuando estaba en la cueva, todo hubiera sido mejor para él. Si hubiera estado mirando hacia el cielo, si su corazón hubiera estado en comunión con Dios, nunca hubiera mirado a Betsabé, y jamás habría cometido ese tremendo crimen que manchó horrendamente todo su carácter.

El nuestro no es un Dios de las colinas solamente, sino también de los valles. Él es tanto el Dios del mar como de la tierra. Él escuchó a Jonás cuando estaba aprisionado en el vientre del gran pez, al parecer para siempre. Cualquiera

que sea su lugar de trabajo, allí puede orar.
Dondequiera que se acueste, allí puede elevar
su oración. No existe un lugar al cual pueda ir y
alejarse de Dios, y no hay un momento, del día
o de la noche, en el cual el trono de Dios sea
inaccesible. Las cuevas han podido escuchar las
mejores oraciones. Algunos de los hijos e hijas
de Dios brillan mejor en la oscuridad. Muchos
de los herederos del cielo
oran muy bien sólo cuando
están en necesidad. Algunos
cantan en su lecho de enfer-
mos, pero cuando están bien
de salud, raramente lo hacen.
Otros alaban a Dios bajo el
fuego de la aflicción, pero
no lo hacen antes de que la
prueba llegue.

*Otros alaban
a Dios bajo
el fuego de la
aflicción, pero
no lo hacen
antes de que la
prueba llegue.*

David iba a ser rey de
Israel. ¿Cuál sería su camino al trono en Jerusalén? Ese camino pasó primero por la cueva
de Adulam. Tuvo que pasar por allí como un
comienzo, porque esa era la manera como se
convertiría en rey. Cuando Dios está a punto de
llevarlo a usted a un nivel espiritual más alto,

primero le hace descender. Él le hace sentir hambre antes de alimentarlo bien; Él lo desnuda antes de vestirlo; lo convierte en nada, antes de hacer de usted algo grande. Jacob llegó a ser el "Príncipe de Dios" cuando Dios tocó su cadera y lo puso a cojear. No se asombre si tiene que pasar por la cueva. Allí es donde Dios le enseñará a orar.

Padre bueno, venga lo que viniere a mi vida hoy, sea una cueva o un trono, que en mis labios siempre permanezcan las albanzas para Ti. Amén.

DÍA 13

Oraciones momentáneas

"Entonces oré al Dios de los cielos..."
NEHEMÍAS 2:4

Durante cuatro meses ha orado Nehemías por los muros arruinados de Jerusalén. El nombre de su querida ciudad parece estar escrito en su corazón todo el tiempo, grabado en sus pupilas, día y noche. Un solo pensamiento absorbe a Nehemías, una sola pasión consume su alma, y entonces, Dios le da una oportunidad. Artajerjes le pregunta qué es lo que desea, y antes de responder Nehemías eleva una rápida oración pidiendo la ayuda divina.

No es esta la oración que llama persistente a la puerta de la misericordia, sino la concentración de muchas llamadas en una sola. Ocurrió entre la pregunta del rey y la respuesta de Nehemías. Probablemente el intérvalo de tiempo no fue suficientemente largo para ser notado por el monarca, pero sí lo fue para que Dios lo notara, y suficiente para que Nehemías buscara y obtuviera la guía de Dios en cuanto a la manera como debía responder la pregunta del rey. "Temiendo en gran manera" (Nehemías 2:2) en ese momento, eleva su oración como un relámpago, en un abrir y cerrar de ojos, intuitivamente, y está demostrado que su oración prevaleció y obtuvo la respuesta de Dios.

Nunca subestime o menosprecie el valor de una oración momentánea.

Sabemos que la suya fue una oración silenciosa. Artajerjes nunca supo que su copero había orado, aunque lo tenía probablemente a una yarda de distancia. Nehemías oró en la parte más profunda del templo, en el lugar santísimo de su propia alma. Su oración fue corta y silenciosa. Fue una oración en la escena, en el punto de los acontecimientos. No fue a su alcoba ni abrió su ventana al orar, como lo hizo Daniel en otras circunstancias. Daniel obró correctamente pero la ocasión de Nehemías es diferente. Ni

siquiera volvió su rostro hacia la pared. No; allí y
en ese instante, con la copa del rey en su mano
oró al Dios de los cielos, y luego respondió la
pregunta del rey. Y su oración fue muy intensa
y muy directa. "El Dios de los cielos" era para
Nehemías: el nombre favorito de Dios. Él sabía
a quién le estaba orando. No inclinó su cabeza
ni disparó su oración en cualquier dirección,
sino que oró directamente a Dios y le pidió
exactamente lo que quería.

Nunca subestime o menosprecie el valor
de una oración momentánea. La oración de
Nehemías –una pequeña porción de oración
apretada entre una pregunta y una respuesta,
un mero fragmento de devoción, jamás será
borrada de la historia bíblica.

Dios de los cielos, gracias te doy porque no existe una
oración demasiado breve e insignificante que tus oídos
atentos no escuchen. Amén.

DÍA 14

Oraciones valientes

*"Cuando Daniel supo que el edicto había
sido firmado, entró en su casa, y abiertas las
ventanas de su cámara que daban hacia Jerusalén, se
arrodillaba tres veces al día, y oraba y daba gracias
delante de su Dios, como lo solía hacer antes"*

DANIEL 6:10 RVR

Hay algunas cosas en la vida espiritual que no son absolutamente esenciales, pero la oración hace parte de la esencia misma de la espiritualidad. Quien no ora carece en su alma del aliento mismo de la vida de Dios. Se nos dice que Daniel fue un hombre de espíritu excelente, un hombre de oración abundante. Él oraba por su pueblo en el exilio, por quienes estaban en esclavitud. En sus oraciones intercedía por Jerusalén. Lo acongojaba el hecho de que la ciudad estaba desolada, que todavía

el destructor caldeo estaba sobre el monte
Sión, que una vez había sido el gozo de toda
la tierra. Oraba por el retorno de la cautividad,
que él sabía que había sido ordenada por Dios.
Hubiera sido muy agradable haber escuchado
por la cerradura en la puerta de la alcoba de
Daniel, las poderosas intercesiones que salían
de allí hacia el trono del Señor de los ejércitos.

Se nos dice también que
Daniel mezclaba la acción de
gracias en todas sus oraciones. Una devoción es muy
pobre cuando siempre está
pidiendo y nunca expresa su
gratitud. Las oraciones en las
cuales no hay acción de gracias son egoístas y no reciben

Quien no ora
carece en su
alma del aliento
mismo de la
vida de Dios.

respuesta. La oración y la alabanza son como
nuestro sistema respiratorio. La oración inhala
cantidades de la gracia y el amor de Dios, y luego
la alabanza las exhala otra vez. Daniel le ofreció al Señor ese incienso aromático hecho de
muchas especies: de deseos y anhelos sinceros
mezclados con adoración. Había sido exaltado
a una gran prosperidad natural, pero "su alma

también había prosperado" (3 Juan 2) y rehusó intoxicarse con el éxito y alejarse de Dios atraído por las pompas mundanas. Mantuvo la energía de su profesión exterior, mediante la comunión íntima con Dios. Cuando sus enemigos lo atacaron, recordó que había cosas mucho más preciosas que la gloria humana y la prosperidad. Mejor una onza de la gracia divina lograda mediante la oración, que una tonelada de los bienes mundanos. Postrarse ante Dios y honrarlo, sin importar el costo, porque Él es digno, es mucho mejor aún si el costo implica caer en la boca del león. Esa fue la convicción de Daniel.

Padre Dios, ayúdame a tener el valor de ser un Daniel en el día de hoy. Hazme un príncipe de la oración.
Amén.

DÍA 15

El secreto del poder en la oración

"Si permanecen en mí, y mis palabras permanecen en ustedes, pidan lo que quieran, y se les concederá"

JUAN 15:7

La oración brota espontáneamente de la vida de quienes permanecen y moran en Jesús. La oración es el afecto natural de un alma que tiene comunión con el Señor. Así como las hojas y los frutos brotan de la vid sin ningún esfuerzo consciente, sencillamente por estar unidas al tronco, así brotan, florecen y dan fruto las oraciones de las almas que moran en Jesús. Tal como brillan las estrellas, así los creyentes en comunión con Dios, oran. Cuando lo hacen no se dicen a sí mismos: "Llegó la hora de nuestra

> *Los corazones que moran en Cristo y donde Cristo mora, producen oraciones así como el fuego produce chispas y llamas.*

tarea de orar." No; ellos oran así como la gente con sentido común como cuando el deseo de alimentarse llega. No se lamentan como esclavos diciendo: "Debemos orar, pero no siento deseos de hacerlo. ¡Qué cansancio con este asunto de la oración." Para ellos acercarse al trono de la gracia es un encargo deleitoso y se gozan en llegar allí. Los corazones que moran en Cristo y donde Cristo mora, producen oraciones así como el fuego produce chispas y llamas. Las almas que moran con Cristo comienzan el día con oración; la oración las circunda como una atmósfera todo el día, y en las noches se duermen orando. Gozosamente pueden decir: "Despierto y aún estoy contigo" (Salmo 139:18 RVR). El hábito de orar y pedir a Dios proviene de habitar en Cristo.

El fruto de morar en el Señor también incluye la libertad para orar. ¿No se arrodilla usted a veces a orar y no siente poder en la oración? Quiere orar pero las aguas están congeladas y no fluyen. La voluntad de orar existe pero no así la libertad para hacerlo. ¿Quisiera, entonces, tener la libertad para orar y poder hablar con Dios como habla cualquiera con un amigo? Esta es la manera:"Si permanecen en mí, y mis palabras permanecen en ustedes, pidan lo que quieran, y se les concederá" Esto no significa que ganará libertad para un mero fluir de palabras, lo cual es un don inferior. La fluidez es una capacidad cuestionable, especialmente si las palabras no van acompañadas con el peso del pensamiento y la intensidad del sentimiento. Algunos hermanos oran por metros, pero la oración se mide por su peso, no por su extensión. Un solo clamor sincero será una oración más plena y tendrá más peso ante Dios que una oración bonita, elaborada y larga.

Señor Jesús, quiero morar en Ti hoy. Orar es mi alegría. Amén.

DÍA 16

La oración intercesora

*"Después de haber orado por sus amigos,
el Señor hizo prosperar de nuevo a Job."*

JOB 42:10

¡Qué extraordinaria promesa la que contiene este versículo! Nuestras aflicciones más largas tienen su fin, y la infelicidad más profunda su fondo también. El frío del invierno no durará para siempre; pronto veremos la sonrisa del verano. La ola no estará siempre en eterno reflujo, el flujo siempre le sigue. La noche no tenderá su manto para siempre sobre nuestras almas; el sol se levantará trayendo sanidad en sus rayos. El Dios que cambió la cautividad de Job puede cambiar la suya como los arroyos en el desierto. Él hará que su viña florezca y que sus campos den fruto otra vez. La oración intercesora de Job fue la señal del retorno de su grandeza perdida. Fue como el arco iris en las nubes y como la paloma enviada por Noé que trajo la rama de olivo. Cuando el alma de Job comenzó a ensancharse en una oración intercesora santa y amorosa por sus amigos pecadores, el corazón de Dios se manifestó devolviéndole la prosperidad y dándole aliento interior a su ser.

Recuerde que la oración intercesora es la más dulce de las oraciones que Dios pueda escuchar. ¡Y qué maravillas las que tal oración ha logrado! La oración intercesora ha detenido plagas. Puso fin a la oscuridad que había caído sobre Egipto, expulsó las ranas que habían invadido la tierra, dispersó los piojos y las langostas que afligieron a los habitantes de Zoan, hizo cesar los rayos y los truenos, y fue la causa también de todas estas plagas que la mano vengadora de Dios había enviado sobre

La oración intercesora de Job fue la señal del retorno de su perdida grandeza. Fue como el arco iris en las nubes y como la paloma enviada por Noé que trajo la rama de olivo.

Faraón y el pueblo egipcio. Sabemos que la oración intercesora sanó enfermedades en la época de la iglesia naciente. Tenemos evidencia de su eficacia en los tiempos mosaicos. Cuando María, la hermana de Moisés, recibió la maldición de la lepra, Moisés oró por ella y la lepra desapareció. La oración intercesora también ha levantado muertos, como cuando el profeta Elías se echó siete veces sobre el cuerpo de un muchacho, el chico estornudó y su alma regresó a su cuerpo. ¡Sólo la eternidad nos revelará cuántas almas se salvaron por causa de la oración intercesora! No hay nada que la oración intercesora no pueda lograr. Creyente, usted tiene una fuerza poderosa a la mano, úsela bien, úsela constantemente, úsela ahora con fe, y con toda seguridad saldrá avante.

Espíritu Santo, moldea mi vida hasta que me convierta en un intercesor. Amén.

Estorbos de la oración

*"Para que sus oraciones
no tengan estorbo."*

1 PEDRO 3:7

La oración es algo valioso pues es el canal por el cual vienen a la vida del creyente bendiciones invaluables y la ventana a través de la cual son suplidas sus necesidades por un Dios misericordioso. La oración es el barco que compra en los cielos y vuelve a casa, desde el país celestial, cargado con los tesoros más valiosos que los que traían los galeones españoles de la tierra del oro. Es tan valiosa la oración que el apóstol Pedro les advierte a los esposos y las esposas que deben observar en sus relaciones conyugales y en los asuntos familiares un comportamiento adecuado de tal manera que sus oraciones en conjunto "no tengan estorbo". Cualquier cosa que estorbe la oración es incorrecta. Si algo relacionado con la familia está perjudicando nuestro poder en la oración, entonces hay una necesidad urgente de cambiar. El esposo y la esposa deben orar juntos como coherederos de la gracia, pero cualquier comportamiento, actitud o hábito que estorbe esta oración conjunta, es malo.

Lo que usted es cuando está de rodillas, es lo que realmente es en la presencia de su Dios"

La oración es la verdadera medida del poder espiritual. Restringir la oración es una tendencia peligrosa y mortal. Un dicho veraz es que "lo que usted es cuando está de rodillas, es lo que realmente es en la presencia de su Dios" Lo que el fariseo y el publicano eran al orar fue el verdadero criterio para determinar su condición espiritual (Lucas 18:10-14). Usted puede mantener una reputación muy decente delante de los hombres, pero es poca cosa ser juzgado por el juicio humano, porque el hombre ve solamente lo exterior, mientras que los ojos del Señor escrutan las profundidades del alma. Si Él ve que su oración es escasa, hace poco caso de su asistencia a las reuniones religiosas o a sus palabras muy espirituales. Por el contrario, si es una persona que practica la oración ferviente, especialmente si posee un espíritu de oración de tal modo que su corazón habitualmente habla con Dios, sus cosas marcharán bien. Pero si no es este su caso, si sus oraciones sufren estorbo, hay algo en su sistema espiritual que debe ser expulsado, o algo que falta y debe ser suplido. "Por sobre todas las cosas cuida tu corazón, porque de él mana la vida" (Proverbios 4:23), y las oraciones vivas provienen de esa fuente de vida.

Padre celestial, Tú ves lo que estorba las oraciones en mi vida. Me arrepiento de mi pecado y deseo darte mi corazón solamente a Ti. Amén.

DÍA 18

Visitaciones frescas de Dios

*"El Señor se le apareció (a Salomón) por segunda vez,
como lo había hecho en Gabaón y le dijo: He oído la
oración y la súplica que me has hecho."*

1 REYES 9:2-3

No importa el nivel de madurez espiritual en el
que nos encontremos, necesitamos manifestaciones frescas y visitaciones nuevas de lo
alto. Es correcto agradecerle a Dios las bendiciones pasadas y mirar con gozo hacia atrás recordando las primeras visitaciones del Señor en sus
primeros días como creyente. Pero le animo a
que busque visitaciones nuevas de la presencia
de Dios. No quiero con ello minimizar nuestro
diario y común caminar a la luz de su presencia,
pero consideremos que el inmenso océano tiene
sus flujos y reflujos, sus mareas altas y bajas. El
sol siempre brilla ya sea que lo veamos o no,

aun cuando la niebla invernal nos oculte su presencia, pero tiene su tiempo de verano en el cual su brillo es manifiesto. Si caminamos con Dios constantemente, hay tiempos especiales cuando nos abre su corazón, nos permite conocer sus secretos y se manifiesta a nosotros como no se manifiesta a sus demás hijos. No todos los días son días de banquete en palacio,

Bienaventurados somos si por una vez hemos visto su rostro, pero aún más si Él nos visita otra vez en la plenitud de su gracia.

y no todos los días con Dios son tan claros y gloriosos como ciertos sábados especiales del alma, en los cuales el Señor revela su gloria. Bienaventurados somos si por una vez hemos visto su rostro, pero aún más si Él nos visita otra vez en la plenitud de su gracia.

Yo le recomiendo que busque nuevas manifestaciones de la presencia del Señor. Debemos clamar a Dios, debemos implorarle que nos hable por segunda vez. No necesitamos convertirnos de nuevo, pero sí que las ventanas de los cielos se abran una y otra vez para nosotros. Necesitamos que el Espíritu Santo se nos dé otra vez como en Pentecostés y se renueve nuestra juventud y nuestras fuerzas como las águilas, para "correr sin cansarnos y caminar sin fatigarnos." Lo que el Señor le dijo a Salomón en cuanto a su oración, la manera como la respondió la segunda vez que se le apareció, y muchos elementos más en ella, con toda seguridad hacen de esta oración un modelo para nosotros. Haremos bien en orar de la manera como los intercesores exitosos han orado.

<hr>

Espíritu Santo, te necesito cada mañana para renovar mis fuerzas y mi alma. Visítame ahora, te lo pido.
Amén.

El don inefable

"¡Gracias a Dios por su don inefable!"
2 CORINTIOS 9:15

Adopte una teología que magnifique a Cristo, el don inefable de Dios. Cuando un hombre empieza a condescender con el pecado, a tener en poco la maldad y menospreciar el castigo futuro, no acepte más su predicación. Algunos reducen tanto el evangelio hasta que queda en nada. Hacen de nuestro divino Señor un bendito don nadie; empequeñecen tanto la salvación que queda en un mero salvavidas; convierten las certezas en probabilidades, y tratan la verdad como si fuera una simple opinión. Cuando vea a un predicador degradando el evangelio y reduciéndolo hasta que de él no quede suficiente ni para alimentar a un saltamontes, aléjese de él. Cristo es el todo, Él es el don inefable de Dios.

Prometamos hoy que con la ayuda de su gracia le alabaremos mientras vivamos por su don inefable.

Posiblemente jamás podremos darle las gracias como debemos. ¿Quién ha bendecido al Señor lo suficiente solamente por la salvación? Si Jesús es nuestra salvación, ¿cuándo debemos agradecer a Dios por ello? ¡Cada mañana que despertamos! ¿Por cuánto tiempo debemos hacerlo? Hasta que vayamos a dormir otra vez. Desde que sale el sol hasta que se pone su nombre es exhaltado. Hasta que el sueño sature nuestros sentidos y nos sumerja en un dulce letargo. Es agradable continuar cantándole canciones al Señor en visiones sobre nuestro lecho, como si las cuerdas de la emoción agradecida vibraran aún después de que la mano del pensamiento deja de tocarlas. Es bueno cuando aun este extravío fantasioso de nuestros sueños se dirige hacia nuestro amado, sin desviarse nunca del terreno santo. Que aún nuestros sueños nocturnos le canten canciones a Jesús. ¡Ah, que logremos llegar a ese estado en el cual estemos alabándolo continuamente, sin cesar! Démosle doble alabanza mientras podamos hacerlo. Prometamos hoy que con la ayuda de su gracia le alabaremos mientras vivamos por su don inefable. Jamás veremos el fin de su obra santa. Todos los que conocen su salvación, ¡alábenlo! Sus ángeles benditos, ¡alábenlo! Las edades futuras, ¡alábenlo! ¡alábenlo todas sus lucientes estrellas! Él seguirá siendo inefable hasta el fin. Oh, Espíritu Santo, escribe esta línea de gratitud en la tabla de nuestro corazón.

Señor Jesús, Tú eres el don inefable del Padre, para mí.
Tú eres más grande de lo que yo pudiera imaginar.
Alabado seas Tú. Amén.

Dulces para Dios

> "...tenían... copas de oro llenas de incienso,
> que son las oraciones de los santos."
>
> APOCALIPSIS 5:8

Las oraciones que el Señor acepta no son las de los religiosos, las letanías de los sacerdotes, o las solemnes notas de un órgano; deben ser las oraciones de los santos. En la vida, el carácter y el alma del creyente es donde yace la dulzura que complace al Señor. Sólo las oraciones de los santos son aceptadas por Dios. ¿Y quiénes son los santos? Son los que el Señor ha santificado por el poder de su Espíritu Santo, cuya naturaleza ha sido purificada, que han sido lavados en la preciosa sangre de Jesús y apartados por Él mismo; los que Dios llenó con su Espíritu Santo para que le adoren. Ellos lo aman, lo alaban, se postran ante Él con solemne reverencia y elevan sus almas en amorosa adoración. Sus pensamientos, deseos, anhelos, confesiones, plegarias y alabanzas son dulces para Dios. Son música para sus oídos, perfume para su corazón, deleite para su mente infinita y agradable para su Espíritu Santo, porque "Dios es espíritu, y quienes lo adoran deben hacerlo en espíritu y en verdad" (Juan 4:24). De ninguna otra manera puede ser adorado un Dios espiritual.

Lo que es dulce para Dios en la oración no son las palabras utilizadas, aunque deben ser apropiadas; pero la dulzura no radica en algo perceptible a los sentidos externos, sino en las cualidades secretas que son comparables a la esencia y aroma de las especias fragantes.

La fe debe ser uno de los componentes de la fragancia de la oración.

Hay en el incienso una esencia sutil y casi espiritual que la acción de los carbones encendidos hace que se esparza por todo el ámbito hasta que todos aspiran su fragancia. Y así ocurre con la oración. Nuestras oraciones podrán ser muy hermosas en apariencia, y pueden lucir como expresión de piedad, pero a menos que haya en ellas una fuerza espiritual secreta, son completamente vanas; la fe debe ser uno de los componentes de la fragancia de la oración. Cuando escucho a una persona orando no puedo decir si tiene fe o no, pero Dios sí percibe la fe o la ausencia de ella, y recibe o rechaza la oración según sea el caso.

Nuestro Dios y Padre, Tú conoces las profundidades de mi alma. Que mis oraciones te sean agradables. Amén.

DÍA 21

Padre nuestro
que estás en el cielo

‹‹———›

"...Padre nuestro que estás en el cielo..."

MATEO 6:9

¿Qué es ese espíritu infantil, ese dulce espíritu del niño que lo hace reconocer y amar a su padre? Yo no puedo decírselo a menos que usted sea un niño; entonces sí sabrá la respuesta. ¿Y qué es el Espíritu de adopción por el cual clamamos: "Abba, Padre"? (Romanos 8:15 RVR) Yo no le puedo decir, pero si usted lo ha sentido, sabrá de qué estoy hablando. Es un componente dulce de la fe que sabe que Dios es mi Padre, es amor que lo reconoce como mi Padre, gozo que se regocija en Él como mi Padre; temor que tiembla ante la idea de desobedecerle porque Él es

Nuestras oraciones pueden ser como pedacitos, no podemos juntarlas, pero nuestro Padre nos escucha.

mi Padre, y confiado afecto y confianza que depende y confía plenamente en Él porque sabe por el infalible testimonio del Espíritu Santo que el Señor de la tierra y el cielo es el Padre de mi corazón. ¿Ha sentido alguna vez el Espíritu de adopción? No hay nada como Él bajo el cielo. Aparte del cielo, no hay nada más bienaventurado que disfrutar el espíritu de adopción. Cuando el huracán de los problemas ruge y cuando se levantan las olas de la adversidad, y cuando el barco encalla en las rocas, cuan dulce es decir: "Mi Padre" y creer que en sus manos fuertes está el timón. Hay música en esta frase. Hay elocuencia. La esencia de la bienaventuranza del cielo está en esta expresión "Mi Padre" cuando la decimos con voz temblorosa por inspiración del Dios vivo.

Y así nos presentamos delante de Él. Cuando yo hablo con mi Padre no tengo temor de ser malinterpretado; si me enredo en las palabras,

Él entiende lo que le quiero decir. Cuando somos niños pequeñitos, apenas si balbuceamos nuestras palabras, no obstante nuestro padre nos entiende. Nuestras oraciones pueden ser como fragmentos que no podemos juntar, pero nuestro Padre nos escucha. ¡Ah, qué hermoso comienzo este "Padre nuestro" para una oración llena de faltas, una oración tal vez tonta, una oración en la que pediremos lo que no debemos pedir! Pero el Señor lee su contenido y los deseos de nuestro corazón. Acerquémonos a su trono como los niños se acercan a su padre, y declaremos nuestras necesidades y aflicciones en el lenguaje que el Espíritu Santo nos enseñe.

Espíritu Santo, ¿cómo es posible ser amados de tal manera por nuestro Padre celestial? Yo me regocijo en ser hijo de Dios. Amén.

DÍA 22

Toda una noche orando

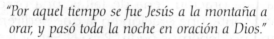

"Por aquel tiempo se fue Jesús a la montaña a orar, y pasó toda la noche en oración a Dios."

LUCAS 6:12

Jesús fue a la montaña a orar evitando hacer de la oración una demostración pública. Si oramos para ser vistos de los hombres esa será en sí nuestra recompensa, muy lastimosa por cierto: la admiración de los tontos y superficiales, y nada más. Si nuestro objetivo al orar es obtener bendiciones de Dios, debemos presentar nuestras oraciones sin la contaminación de la observación humana. Vaya a solas con su Dios si es que quiere que su brazo actúe a su favor. Si ayuna, no les dé a los hombres la apariencia de que ayuna. Si está implorándole algo personal a Dios, no se lo diga a nadie más. Tenga cuidado de que sea un secreto entre

Dios y su alma, entonces su Padre celestial le recompensará en público. Pero si como el fariseo de la parábola usted hace de su oración un espectáculo público, haciendo tocar trompeta en las esquinas de las calles, irá donde fue el fariseo, al lugar en donde los hipócritas sufren la ira de Dios por siempre.

Jesús, por lo tanto, para evitar interrupciones, para tener la oportunidad de derramar toda su alma ante Dios y para evitar la ostentación, buscó la montaña.

Jesús, por lo tanto, para evitar interrupciones, para tener la oportunidad de derramar toda su alma ante Dios y para evitar la ostentación, buscó la montaña. ¡Qué gran oratorio, qué gran lugar para que el Hijo de Dios orara! ¿Qué paredes lo habrían albergado mejor? ¿Cuál recinto hubiera sido más apropiado para tan poderoso intercesor? El Hijo de Dios entró a su propio templo de la naturaleza, el más adecuado para Él, para que Él tuviera comunión con el cielo. Esas gigantescas colinas y las largas sombras proyectadas por la luz de la luna fueron la única y digna compañía. Ninguna ceremonia espléndida ni pomposa podría haber igualado la gloria de la naturaleza a la media noche en la agreste montaña en donde las estrellas, como si fueran los ojos de Dios, miraban al adorador y en donde el viento parecía llevar la opresión de sus suspiros y la brisa obsecuente parecía esparcir sus lágrimas. Sansón en el templo de los Filisteos moviendo las columnas gigantes es un simple enano comparado con Jesús de Nazaret moviendo los cielos y la tierra al postrarse en el gran templo del Señor.

Padre mío, yo también buscaré tu presencia en un lugar privado. Que yo pueda mover hoy tu mano. Amén.

DÍA 23

Legiones de ángeles

"Entonces Jesús le dijo: Vuelve tu espada a su lugar…
¿Acaso piensas que no puedo ahora orar a mi Padre, y
que Él no me daría más de doce legiones de ángeles?"

MATEO 26:52-53

No puede haber límite en los recursos de los que dispone el Cristo de Dios. Miles y miles de ángeles hubieran acudido en su ayuda si Jesús lo hubiera deseado. La banda de guardias que Judas guió hubiera sido un grupito insignificante que habría sido aniquilado momentáneamente si el Salvador hubiera reunido a sus aliados. He aquí la gloria de nuestro traicionado y ahora arrestado Señor. Si tan poderoso era entonces, ¿qué tal ahora cuando todo poder le ha sido dado por el Padre? Guarde en su mente la idea clara de que Jesús, en su humillación, era sin embargo, Señor de todas las cosas, y

especialmente del mundo invisible y de sus
ejércitos. Mientras más claramente capte esta
idea, más admirará el amor conquistador que hizo a Jesús morir en la cruz.

Lo único que tiene que hacer es orar a Dios y sus ángeles lo llevarán en las manos para que su pie no tropiece en piedra.

Hagamos aquí una pausa de un minuto para recordar que guardadas las proporciones, los ángeles también están a su disposición. Lo único que tiene que hacer es orar a Dios y ellos lo llevarán en sus manos para que su pie no tropiece en piedra. No pensamos mucho acerca de estos seres celestiales, sin embargo, todos ellos son "espíritus ministradores enviados para servicio a favor de los que serán herederos de la salvación" (Hebreos 1:14). Si sus ojos fueran abiertos, como le ocurrió al siervo de Eliseo, vería "la montaña llena de gente de a caballo y de carros de fuego" (2 Reyes 6:15-17) rodeando a los siervos de Dios. Aprendamos de nuestro Maestro a reconocer las fuerzas invisibles. No confiemos en lo que el ojo ve o el oído oye, sino tengamos respeto a las fuerzas espirituales que no perciben los sentidos pero que la fe conoce. En los asuntos de la Providencia los ángeles desempeñan un papel mucho más importante de lo que creemos. Dios puede levantar amigos nuestros sobre la tierra, y si no lo hace así, puede encontrar para nosotros amigos más capaces en el cielo. No es necesario sacar la espada y cortar orejas humanas, porque fuerzas infinitamente superiores obrarán a nuestro favor. Tenga fe en Dios y "todas las cosas obrarán para su bien" (Romanos 8:28). Los ángeles de Dios consideran un honor y un deleite proteger al menor de los hijos de Dios.

Señor Jesús, Tú has sido exaltado a la diestra del Padre. Nada es demasiado difícil para Ti hoy. Amén.

La fe que busca

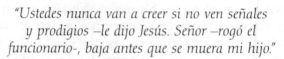

*"Ustedes nunca van a creer si no ven señales
y prodigios –le dijo Jesús. Señor –rogó el
funcionario-, baja antes que se muera mi hijo."*

JUAN 4:48-49

Note en este caso del oficial del rey que su
fe, esa fe que busca, no sólo lo hace más
ferviente en la oración, sino más persistente
también. Él pidió una vez y la respuesta fue una
aparente reprensión. Pero no se dio la vuelta ni
se fue malhumorado. No. Olvidando el rechazo
insiste: "Señor, baja por favor" Yo no puedo
decirle en qué tono pronunció su súplica, pero
sí le aseguro que fue expresada de una manera
conmovedora, con los ojos humedecidos por
las lágrimas y sus manos cruzadas en actitud
de ruego. Con ella parecía decir: "Señor, no te
puedo dejar ir a menos de que vengas y salves

a mi hijo. Por favor, ven. ¿Qué puedo decirte para que vengas? Que mi afecto de padre sea mi mejor argumento. Si mis palabras no son elocuentes, deja que mis lágrimas hablen. Que ellas suplan la insuficiencia de mi lengua."

¡Qué poderosas oraciones pronuncian las personas que tienen una fe que busca!

¡Qué poderosas oraciones pronuncian las personas que tienen una fe que busca! Yo las he escuchado a veces suplicarle a Dios con todo el poder que pudo haber tenido Jacob en el arrollo de Jaboc (Génesis 32:24-32). Yo he visto al pecador bajo convicción agarrándose de los pilares de la puerta de misericordia y tocarla como si la fuera a arrancar, antes que irse sin haber entrado. He visto pecadores constreñidos luchar y esforzarse por entrar al reino de los cielos. Con razón quienes se presentan ante Dios con oraciones frías no encuentran paz. Que se calienten en el horno del deseo y encontrarán el camino ascendente hacia el cielo. Quienes solamente saben decir en la forma fría de la ortodoxia:

"Señor, ten misericordia de mí, pecador" nunca encontrarán misericordia. La persona que clama en la angustia ardiente de un corazón conmovido "¡Señor, ten misericordia de *mí*, pecador!" "¡*Sálvame*, que perezco!" es la que logra ser escuchada. El hombre, o la mujer, que derrama su alma en cada palabra y concentra toda la fuerza de su ser en cada frase de su oración, es quien gana su entrada en los cielos. La fe que busca puede hacer que una persona lo logre.

Espíritu Santo, conmueve mi corazón y pon fuego al rojo vivo en mis oraciones. Que las columnas de la misericordia divina sean conmovidas hoy. Amén.

El dador generoso

"Si a alguno de ustedes le falta sabiduría, pídasela a Dios, y Él se la dará, pues Dios da a todos generosamente sin menospreciar a nadie"

SANTIAGO 1:5

Dios no da como lo hacemos nosotros, una simple limosna al mendigo. Él da su riqueza a manos llenas. Salomón pidió sabiduría: Dios se la concedió y con ella le dio riquezas y poder. En casi todas las ocasiones en que alguien oró en el Antiguo Testamento, Dios dio diez veces más de lo pedido. El Señor hará las cosas "muchísimo más abundantes que todo lo que podamos imaginarnos o pedir" (Efesios 3:20). Ese es el hábito divino. Dios no solamente cumple sus promesas, sino que cuando se ha obligado a pagar con plata, prefiere hacerlo con oro. Él es supremamente generoso. ¿Piensa que

Dios da generosamente y no mancha el brillo de su gracia buscándole faltas al que pide.

empezará a ser tacaño con usted? Si con generosidad y largueza ha perdonado sus pecados, ¿cree que será mezquino con sus bendiciones? (Romanos 8:32) ¿Quiere limpiar todos sus pecados? Hay un río de gracia en donde puede hacerlo. ¿Desea agua para refrescar su alma? Él tiene diluvios para enviar sobre la tierra seca. En la Escritura leemos de las inescrutables riquezas de Cristo. ¡Ja! Ustedes pecadores leviatanes, aquí hay un océano de misericordia para nadar en él. ¡Ja! Los elefantes pecadores, aquí tienen un arca lo suficientemente amplia para transportarlos y navegar sobre las aguas del diluvio. Ustedes, cuyo pecado de orgullo llega hasta el cielo, y cuyos pies lujuriosos se hunden en el fango del infierno, el escondite sagrado es suficientemente grande aun para esconderlos a ustedes. El Señor es grande en misericordia. ¿Quién no le pedirá a un Dios tan generoso?

Dios da generosamente y no mancha el brillo de su gracia buscándole faltas al que pide. Estas palabras son dulces. Él lo invita a pedir sabiduría y si lo hace se la concederá. ¿Va usted a añadir a la lista de sus pecados el de pensar que Dios es mentiroso? No dude la palabra de Dios, no desconfíe del Señor, venga ya con humildad reverente a los pies del Salvador en la cruz. Véalo clavado en la cruz como el gran sacrificio expiatorio; mire sus heridas sangrantes; observe sus sienes todavía cubiertas con la sangre que mana de las heridas causadas por la corona de espinas. Mírelo y viva. Hay vida en mirar al Crucificado. Mírelo y encuentre en Él todo lo que usted necesita.

Señor, ensancha mi visión de tu Hijo y de tu inmensa generosidad. Echa fuera mis dudas y temores. Amén.

DÍA 26

Él es poderoso

"Y a Aquel que es poderoso para hacer todas las cosas mucho más abundantemente de lo que pedimos o entendemos, según el poder que actúa en nosotros"

EFESIOS 3:20 RVR

Tal vez usted siente que en momentos de santa confianza y acceso ha pedido cosas grandes de Dios, cosas que sólo le pediríamos al Gran Rey, y sin embargo, su petición se ha quedado corta en alcanzar el fondo de la capacidad divina. Nuestra mejor oración, la oración más confiada y atrevida, tiene sus límites. Está limitada a veces por nuestro sentido de necesidad. Escasamente sabemos lo que queremos; debemos ser enseñados a orar, en cuanto a lo que hemos de pedir, o nunca nuestras peticiones serán correctas. Malinterpretamos nuestra condición espiritual, el hambre de nuestra alma no es suficientemente fuerte, el pecado le ha quitado agudeza a nuestro apetito espiritual y, por lo tanto, nuestras oraciones sufren estorbo. Pero bendito sea nuestro Dios, Él no está limitado por nuestro sentido de necesidad. Su invitado pide agua y vino, y Él le prepara un banquete.

¿Hay alguna promesa de Dios que algún hijo suyo entiende perfectamente? Existe en las promesas un significado no entendido plenamente, una amplitud, una extensión, una profundidad y una altura que no han sido logradas todavía. Dios condesciende a usar el lenguaje humano y para nosotros las palabras pueden significar plata, pero Él les otorga un significado de oro. Él nunca quiere decir menos de lo que dice, y siempre quiere decir mucho más de lo que nosotros pensamos que dice. Magnifiquemos al Señor por esto. Su poder para bendecir no está limitado por nuestra capacidad de comprender la bendición.

> *Dios no está limitado por nuestro sentido de necesidad. Su invitado pide agua y vino, y Él le prepara un banquete.*

El énfasis de su promesa en esta escritura es que Él puede hacer *todas* las cosas mucho más abundantemente de lo que pedimos o entendemos. Reúna todas las peticiones que ha hecho. Póngalas en un montón y encima ponga todo lo que ha pensado en relación con las riquezas de la gracia divina. ¡Qué enorme montaña! Colina sobre colina, como si estuviéramos sobreponiendo las cumbres alpinas para construir una escalinata o la escalera de Jacob que suba hasta las estrellas. ¡Continúe! ¡Siga adelante! No es la Torre de Babel la que está construyendo y su cúspide no llegará hasta el cielo. No importa cuán alta sea esta pirámide de oraciones, la capacidad de Dios para bendecir es todavía más alta. Él sobrepasa todas las bendiciones que se puedan imaginar, que sean útiles y benéficas para nosotros. Él es poderoso para hacerlo todo mucho mejor de lo que pedimos o entendemos.

Oh, Señor, ¡ayúdame a comprender esto! Dame fe para hacer lo propio, para luego magnificarte y adorarte. Amén.

DÍA 27

Esperanza

"Tráiganme acá al muchacho."

MATEO 17:17

El Señor Jesús prescribió la oración y el ayuno como medios para unirnos a un poder más grande que somos llamados a poseer. Y la iglesia de Dios sería mucho más fuerte para luchar con esta era maligna si acogiera más estos medios. La oración nos une al cielo; el ayuno nos separa de la tierra. La oración nos lleva a la casa de banquetes de Dios; el ayuno nos libera de nuestro afecto por el pan que perece. Cuando los creyentes llegan a los niveles más altos de vigor espiritual, entonces están en capacidad, de echar fuera demonios por el Espíritu Santo que obra en sus vidas y que de otro modo se reirían de ellos con desdén. Pero a pesar de todo, siempre existirán esas dificultades

Todo el infierno confiesa la majestad de su poder y el esplendor de su Deidad.

como montañas que requieren la intervención y ayuda directa del Maestro. Permítame suplicarle que recuerde que Jesucristo todavía está vivo. Esta es una verdad muy sencilla pero necesitamos que se nos recuerde constantemente. A menudo estimamos el poder de la iglesia mirando a sus ministros y sus miembros, pero su poder no radica en ellos sino en el Espíritu Santo y en el Salvador que vive para siempre. Jesús está tan vivo y activo hoy como cuando aquel padre angustiado y ansioso le llevó a su hijo. Nosotros no tenemos el poder para realizar milagros ni naturales ni espirituales. Pero Cristo sí tiene el poder de obrar cualquier tipo de prodigio, todavía puede y está deseoso de efectuar milagros espirituales. Yo me deleito pensando en mi Cristo vivo a quien le puedo llevar cada dificultad que le ocurre a mi alma o a la de otras personas.

Recuerde también que Jesús vive en una posición de autoridad. Todo el infierno confiesa la majestad de su poder y el esplendor de su Deidad. No existe demonio, por fuerte o poderoso que sea, que no tiemble ante Él. Y Jesús es el Señor de los corazones y de las conciencias. No existe, no puede existir, un caso que sea demasido difícil para Él. ¿Es Cristo incapaz de salvar, o existen enfermedades tan difíciles que el gran médico no pueda curar? ¡Jamás puede ocurrir! ¿Cristo superado por Satanás y el pecado? ¡Imposible! Él rompe los cerrojos y las puertas de hierro y pone los cautivos en libertad.

Mi Señor Jesucristo, Tú eres más grande que cualquier cosa que yo tenga que enfrentar en mi vida. Me arrojo a tus brazos y vivo por tu misericordia. Amén.

DÍA 28

La cura para la inquietud

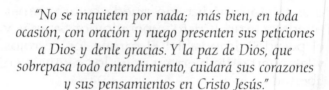

"No se inquieten por nada; más bien, en toda ocasión, con oración y ruego presenten sus peticiones a Dios y denle gracias. Y la paz de Dios, que sobrepasa todo entendimiento, cuidará sus corazones y sus pensamientos en Cristo Jesús."

FILIPENSES 4:6-7

¿Por qué permitirle a la inquietud que siga carcomiendo su corazón? Ella debilita nuestra capacidad para ayudarnos a nosotros mismos y especialmente nuestro poder para glorificar a Dios. Un corazón inquieto y ansioso nos impide ver las cosas con claridad. Permitir que la inquietud nos domine es algo así como echar el aliento de nuestra ansiedad en el lente de un telescopio, mirar luego por él, y decir que no podemos ver nada más que nubes. Desde luego no podemos ver y jamás podremos, mientras lo sigamos empañando. Si estamos calmados, tranquilos y controlados, estaremos en capacidad de hacer lo que es correcto. Tenemos que estar "concentrados" en el tiempo de la dificultad. Tiene presencia de ánimo quien tiene la presencia de Dios. Si olvidamos orar no es de extrañar que estemos en apuros y hagamos lo primero que se nos ocurra, lo cual es generalmente lo peor en vez de esperar para ver lo que debemos hacer y luego hacerlo en la presencia de Dios con fe y confianza. La inquietud es dañina.

Supongo que para muchos de nosotros los motivos de preocupación son múltiples. Si usted es como yo, una vez que está cargado de afanes, ansioso y temeroso, se vuelve incapaz de contar todas sus preocupaciones, aunque pueda contar los cabellos de su cabeza.

Tiene presencia de ánimo quien tiene la presencia de Dios.

Las preocupaciones se multiplican para aquellos que se dejan dominar por ellas. Cuando usted piensa que realmente tiene muchas preocupaciones, hay otras tantas que ya se están amontonando a su alrededor. Ser indulgente con este hábito de inquietarse y ponerse ansioso conduce a que él domine su vida haciéndola indigna de vivirse. Los problemas y las preocupaciones son muchas, por lo tanto, haga que sus oraciones también lo sean. Convierta cada motivo de preocupación en oración. Que sus inquietudes sean la materia prima de su oraciones. El alquimista esperaba convertir la escoria en oro; usted tiene el poder real para cambiar lo que por naturaleza es una preocupación, en un tesoro espiritual en forma de oración. Dele un nuevo nombre a la ansiedad y llámela bendición, en el nombre del Padre, del Hijo y del Espíritu Santo.

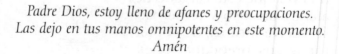

Padre Dios, estoy lleno de afanes y preocupaciones.
Las dejo en tus manos omnipotentes en este momento.
Amén

DÍA 29

Las condiciones para tener poder en la oración

"Tenemos confianza delante de Dios, y recibimos todo lo que le pedimos porque obedecemos sus mandamientos y hacemos lo que le agrada."

1 JUAN 3:21-22

La confianza infantil nos hace orar como nadie más puede hacerlo. Ella hace que una persona ore por cosas tan grandes que jamás hubiera pedido si no hubiera adquirido esta confianza. La impulsa también a orar por cosas tan pequeñas que a muchos otros les da temor pedir porque no sienten hacia Dios esa confianza de niños. Con frecuencia he sentido que se requiere más confianza en Dios para pedirle cosas pequeñas que cosas grandes. Imaginamos que nuestras cosas grandes son,

de alguna manera, dignas de la atención de
Dios, aunque en verdad para Él son pequeñas. Y luego pensamos que
nuestras cosas pequeñas
son tan insignificantes que
es un insulto pedirle a Dios
su ayuda.

*¿Para qué
fueron hechos
los papás y las
mamás si no es
para cuidar de
los problemas
de sus hijos
pequeños?*

Tenemos que darnos
cuenta que lo que es muy
importante para un niño
quizá parezca pequeño a su
padre, sin embargo, el padre
lo valora desde el punto de
vista del niño, no según su
criterio de adulto. Usted escuchó a su bebé el
otro día llorando amargamente. La causa de su
dolor era una espina en su dedito. Aunque no
haya llamado a tres cirujanos para extraerla,
la espina era algo grande para este pequeño
paciente que sufría. Parado allí con sus ojitos
llenos de lágrimas de angustia, a este pequeño
jamás se le ocurrió que su dolor fuera una
cosa demasiado pequeña para usted. ¿Para qué
fueron hechos los papás y las mamás si no es
para cuidar de los problemas de sus pequeños?

Y Dios nuestro Padre es un buen Padre que se compadece de nosotros como el padre se compadece de los hijos. Él cuenta las estrellas y a todas las llama por nombre, sin embargo sana el corazón quebrantado y venda sus heridas. Si pone su confianza en Dios, usted le llevará sus cosas grandes y pequeñas sabiendo que Él nunca defraudará su confianza.

Padre, vengo como un niño a agradecerte que conozco los sentimientos de tu corazón hacia mí. Te amo Señor. Amén.

DÍA 30

La oración no contestada

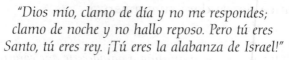

> *"Dios mío, clamo de día y no me respondes;*
> *clamo de noche y no hallo reposo. Pero tú eres*
> *Santo, tú eres rey. ¡Tú eres la alabanza de Israel!"*

SALMO 22:2-3

Jamás acepte la tentación de darse por vencido, dejarse vencer por el desánimo o abandonar su única esperanza. Bajo ninguna circunstancia posible dé lugar al pensamiento negro de que Dios no es veraz ni fiel a sus promesas. Aunque una de sus oraciones permanezca sin respuesta durante siete años, no obstante dígale al Señor: "Tú eres Santo, Tú eres Rey." Fije eso bien en su mente. Nunca permita que la más tenue brizna de sospecha o duda manche la honra del Altísimo, porque Él jamás lo permite. Él es verdadero. Él es fiel. En este, aparentemente, el peor de los casos, finalmente

Él libró a su Hijo y acudió en su rescate a su debido tiempo. Quizá no sepa por qué trata con usted de tan extraña manera, pero ni por un instante piense que Él es infiel.

Nunca cese de orar. Ningún tiempo es malo para la oración. Que los destellos de la luz del día no lo tienten a dejar de orar, ni las tinieblas de la media noche lo inciten a cesar su clamor. Uno de los principales objetivos de Satanás es lograr que el creyente deseche el arma de la oración. Satanás sabe que mientras nos mantengamos clamando al Altísimo, él no puede devorar ni al más pequeño cordero de la manada. La oración, la oración poderosa, prevalecerá si se le da suficiente tiempo.

> *La oración, la oración poderosa prevalecerá si se le da suficiente tiempo.*

Que su fe sea tan resuelta y atrevida que renuncie a cualquier otra dependencia que tenga de cualquier otra cosa y lugar, que no sea de Dios, y que su clamor crezca más y más, y sea cada día más vehemente. No es el primer toque en la puerta de la misericordia el que logra abrirla. Quien quiere prevalecer tiene que agarrar bien el aldabón y golpear una, otra vez y muchas veces. Como bien lo dijo el viejo puritano: "Las oraciones frías esperan una negativa, pero las oraciones candentes al rojo vivo, prevalecen." Haga que sus oraciones sean como un antiguo ariete golpeando contra la puerta de los cielos, y fórcela con violencia sagrada. Como si fuera un ejército, la totalidad de su alma debe entrar en el conflicto y debe sitiar el trono de la misericordia divina con la determinación de ganar, y entonces sí prevalecerá. Si ocurren demoras tómelas como un buen aviso o advertencia para ser más firme en su fe y más ferviente en su clamor.

Señor Jesús, aun la cruz del Calvario no pudo evitar la victoria final de la resurrección. Con tal confianza oro en este momento. Amén.